Dieter Beese

Kirchliche Lehre und Lebensordnung

Dieter Beese

Kirchliche Lehre und Lebensordnung

Ein Lehr- und Lernbuch

Fromm Verlag

Imprint
Any brand names and product names mentioned in this book are subject to trademark, brand or patent protection and are trademarks or registered trademarks of their respective holders. The use of brand names, product names, common names, trade names, product descriptions etc. even without a particular marking in this work is in no way to be construed to mean that such names may be regarded as unrestricted in respect of trademark and brand protection legislation and could thus be used by anyone.

Cover image: www.ingimage.com

Publisher:
Fromm Verlag
is a trademark of
International Book Market Service Ltd., member of OmniScriptum Publishing Group
17 Meldrum Street, Beau Bassin 71504, Mauritius

Printed at: see last page
ISBN: 978-620-2-44182-7

Vorwort

Seit vielen Jahren bietet die Evangelische Kirche von Westfalen Aus-, Fort- und Weiterbildung für Verwaltungsmitarbeitende an. Auf der Grundlage einer Verordnung zum Berufsbildungsgesetz haben die Evangelische Kirche im Rheinland, die Evangelische Kirche von Westfalen und die Lippische Landeskirche 2014 die Ausbildungs- und Prüfungsordnung für den Ausbildungsberuf zur/zum Verwaltungsfachangestellten erlassen und damit erstmals die Grundlage für eine gemeinsame Ausbildung ermöglicht. Mit ihr können die Absolventinnen und Absolventen gleichzeitig zwei staatlich anerkannte Ausbildungsberufe, nämlich in der Fachrichtung Kirchenverwaltung und in der Fachrichtung Kommunalverwaltung, abschließen.

Ebenfalls erstmals legt Professor Dr. Dieter Beese für die dienstliche begleitende Unterweisung des kirchlichen Teils der Ausbildung für das Fach „Lehre von der Kirche / Kirchliche Lebensordnung und Grundsätze der Diakonie" ein eigenes Lehrbuch vor; genauer gesagt handelt es sich um *das erste speziell für unsere kirchlichen Unterrichte verfasste Lehrbuch überhaupt*. Professor Beese, der aus dem Bereich der Ausbildung des theologischen Nachwuchses kommt, aber auch schon an der Ausbildung von Polizeibeamtinnen und -beamten in NRW mitgewirkt hat, ist der erste Dozent für das Fach, für das er sein Lehrbuch verfasst hat. In bewährter Weise gelingt es ihm – nun auch verschriftlicht – biblische und kirchliche Grundlagen den jungen Leuten unserer Zeit anschaulich und zugleich prägnant darzulegen und die Lernenden somit für ihre späteren Tätigkeiten zu rüsten. Das Verwaltungsausbildungsdezernat des westfälischen Landeskirchenamtes dankt Professor Beese für dieses Engagement und wünscht seinem Buch einen breiten Einsatz, ist es doch geeignet, auch im Fach

„Kirchliche Lebensordnung“ in den Verwaltungslehrgängen I und II ebenfalls Anwendung zu finden.

Landeskirchenrat
Dr. Thomas Heinrich

Bielefeld im April 2018

INHALT

Einleitung

Dieses Lehrbuch – man kann es auch als „Leitfaden" bezeichnen – soll Sie als Auszubildende für den Verwaltungsdienst in den evangelischen Kirchen in Rheinland, Westfalen und Lippe dazu anleiten, sich die notwendigen Kenntnisse über die Kirche, ihr Leben, ihre Lehre und ihre Ordnung sowie die Grundlagen ihrer Diakonie zu verschaffen. Dieses Buch ergänzt und vertieft den Unterricht im Fach *„Lehre von der Kirche / Kirchliche Lebensordnung und Grundzüge der Diakonie"*[1].

Auf die *„Grundlagen"* folgen je zehn Thesen zu zehn Themenbereichen des Faches, wie sie im Stoffgliederungsplan ausgewiesen sind. Diese Thesen geben ihnen Formulierungshilfen an die Hand, mit denen Sie einschlägige Prüfungsfragen beantworten können. Diese werden sich auf den Gesamtaufbau des Faches und der Themenbereiche und / oder auf jeweils einzelne Aspekte der Themenbereiche beziehen.

Lesen Sie – ausgehend von diesen Thesen – in der *Bibel* (am besten die Lutherausgabe von 2017) nach, was hier angesprochen ist. In der Bibel finden Sie

- das Inhalts- und das Abkürzungsverzeichnis
- den biblischen Text des Alten und Neuen Testaments und der Apokryphen
- eine Suchhilfe „Wo finde ich was?" (S. 373ff.)
- ein Stichwortverzeichnis (S. 378ff.)
- Sach- und Worterklärungen (S. 319ff.)
- eine Zeittafel zur biblischen Geschichte mit einleitenden Erklärungen (S. 307ff.).

---

[1] Zur Fachbezeichnung vgl. Ziffer 0.4, S. 12-13.

Das *Gesangbuch*[2] verfügt über ein knappes und, darüber hinaus, ein weiteres, sehr ausführliches Inhaltsverzeichnis, mit dem Sie sich die unterschiedlichen Lied- und Wortbeiträge erschließen können, die auch hier in dieser Arbeitshilfe angesprochen werden. Dort finden Sie nicht nur Lieder sondern auch weitere wichtige Verzeichnisse, Übersichten, Gebets- und Andachtstexte sowie eine Sammlung kirchlicher Bekenntnisse und nicht zuletzt kurze und verständliche Einleitungen und Einführungen zu Themen Ihres Unterrichtsfaches.

Zur weiteren Vertiefung können Sie auch die *Lebensordnung* der Union Evangelischer Kirchen[3] heranziehen, wenn Sie beispielsweise etwas zu Situationsbeschreibungen, biblischen und theologischen Begründungen und konkreten Handlungskonsequenzen erfahren wollen. (Hier und da mag auch ein Wikipedia-Artikel im Internet die eine oder andere offene Frage beantworten.) Der Vertiefung und Veranschaulichung des Lehrstoffes dienen auch die Lesehinweise, die sich an die Kapitel dieses Buches anschließen.

Sie sollen nach Abschluss Ihrer Ausbildung *Auskunft geben* können, was für die Kirche, ihr Leben, ihre Lehre und ihre Ordnung sowie für die Diakonie in den zehn hier behandelten Themenbereichen von Bedeutung ist. Außerdem sollen Sie Beob-

---

[2] Evangelisches Gesangbuch, Ausgabe für die Evangelische Kirche im Rheinland, die Evangelische Kirche von Westfalen, die Lippische Landeskirche in Gemeinschaft mit der Evangelisch-reformierten Kirche (Synode evangelisch-reformierter Kirchen in Bayern und Nordwestdeutschland) in Gebrauch auch in den evangelischen Kirchen im Großherzogtum Luxemburg.

[3] Union Evangelischer Kirchen in der Evangelischen Kirche in Deutschland (Hg.): Ordnung des kirchlichen Lebens der Evangelischen Kirchen der Union. Im Auftrag des Rates herausgegeben von der Kirchenkanzlei der Evangelischen Kirche der Union 1999, 3. Aufl. 2012, kurz: Lebensordnung EKU.

achtungen, Beispiele und Sachauskünfte zu sinnvollen Antworten verbinden können. Dazu helfen Ihnen die hier entwickelten Thesen. Die angesprochenen Themenbereiche sind eine *Auswahl* aus einer Vielzahl kirchlicher Themen, die auch erweitert werden könnte (zum Beispiel um die Themen „Mission“, „Seelsorge“, „Gemeindeentwicklung“, „Kirchenkunde einschl. Freikirchen und Sondergruppen“, „Religionskunde“ usw.).

Ein kleiner Tipp: Prägen Sie sich das Inhaltsverzeichnis der Bibel ein und üben Sie das Aufschlagen der Bibel; dann finden Sie sehr schnell, was Sie brauchen. Dasselbe gilt auch für das Gesangbuch. (Hier hilft das grobe Inhaltsverzeichnis sehr.)

Es ist empfehlenswert, bestimmte Texte und Formulierungen samt ihrer Fundstellen als Beispiele präsent zu haben (z. B. elementare grundlegende Texte zur Taufe, zum Abendmahl, zum Glauben und zum Gebet, Bekenntnisse, Lieder zu den hohen Feiertagen) oder ihren Inhalt wiedergeben zu können (wie z. B. zur Kirche und zu ihren Ämtern oder zur Diakonie) oder sie einfach nur nennen zu können. Solche Schlüsseltexte, die Sie in Bibel und Gesangbuch finden, werden Ihnen dann helfen, Ihre Antworten zu entwickeln und wichtige Sachaspekte daran aufzuzeigen.

Dieses Lehrbuch ist aus dem Unterricht mit den Ausbildungsjahrgängen 2014, 2015 und 2016 hervorgegangen. Das verwendete Skript hat mehrere Bearbeitungen durchlaufen und liegt nun zum weiteren Gebrauch vor. Im Text finden sich einige Dopplungen und Wiederholungen. Das ist zur Vertiefung beabsichtigt.

Das Buch dient vornehmlich als Arbeitshilfe für Sie, die Auszubildenden, ist aber auch ein Angebot für Lehrende und soll außerdem den Zweck erfüllen, die Grundlagen und Möglichkeiten der inhaltlichen Ausgestaltung des Ausbildungsfachs Lehre, Leben und Ordnung der Kirche zu dokumentieren und damit einen Beitrag zur Absicherung und kontinuierlichen Weiterentwicklung des Fachs zu leisten.

0. Grundlagen

Seit 2014 bilden die Evangelische Kirche im Rheinland, die Evangelische Kirche von Westfalen und die Lippische Landeskirche gemeinsam „Verwaltungsfachangestellte - Fachrichtung Kirchenverwaltung - in den Gliedkirchen der Evangelischen Kirche in Deutschland“ aus.[4] Teil dieser Ausbildung sind die erforderlichen Fächer im Bereich Recht, Personal und Finanzen. Darüber hinaus wurde auch – nach positiven Erfahrungen in der Evangelischen Kirche von Westfalen – ein eigenes Fach „Lehre von der Kirche / Kirchliche Lebensordnung und Grundzüge der Diakonie“[5] in die Ausbildungs- und Prüfungsordnung aufgenommen. Grundlegende Kenntnisse in dem so benannten Wissensgebiet sind damit als unverzichtbar für eine professionelle Mitarbeit in der kirchlichen Verwaltung ausgewiesen.

---

[4] Ausbildungs- und Prüfungsordnung für den Ausbildungsberuf zur / zum Verwaltungsfachangestellten – Fachrichtung Kirchenverwaltung in den Gliedkirchen der Evangelischen Kirche in Deutschland – der Evangelischen Kirche im Rheinland, der Evangelischen Kirche von Westfalen und der Lippischen Landeskirche (APO VfAFK RWL) 18./19./23. September 2014 (KABl. 2014, S. 203), kurz: APO.

[5] Stoffgliederungsplan für die dienstbegleitende Unterweisung des kirchlichen Teils der Ausbildung zur / zum Verwaltungsfachangestellten – Fachrichtung Kirchenverwaltung in den Gliedkirchen der Evangelischen Kirche in Deutschland – der Evangelischen Kirche im Rheinland, der Evangelischen Kirche von Westfalen und der Lippischen Landeskirche (APO VfAFK) 18/19./23. September 2014. Anlage 3 vom 1. August 2014 zur Ausbildungs- und Prüfungsordnung für den Ausbildungsberuf zur/zum Verwaltungsfachangestellten – Fachrichtung Kirchenverwaltung in den Gliedkirchen der Evangelischen Kirche in Deutschland – der Evangelischen Kirche im Rheinland, der Evangelischen Kirche von Westfalen und der Lippischen Landeskirche (APO VfAFK RWL), kurz: Stoffplan.

0.1. Berufsbild

Ausbildungsplanung setzt ein Bild des Berufs voraus, zu dem Sie ausgebildet werden. Man kann auch von einem Leitbild für einen bestimmten Beruf sprechen. Dies gilt auch für den Beruf der und des kirchlichen Verwaltungsangestellten. In einem solchen Berufsbild werden diejenigen Elemente genannt, die für das Gesamtbild eines Berufs unverzichtbar sind. Dementsprechend wird für den Beruf der / des kirchlichen Verwaltungsangestellten ausgesagt: *„Gegenstand in der Fachrichtung des kommunalen Teils der Berufsausbildung sind mindestens Kenntnisse und Fertigkeiten aus den Bereichen [...] Leben und Lehre der Kirche [...]“*.[6]

0.2. Rahmenplan

Der Rahmenplan für eine Berufsausbildung umreißt den Rahmen für die Konkretisierung des Ausbildungsplans mit Blick auf die Elemente, die in das Berufsbild zuvor aufgenommen worden sind. Um Kenntnisse und Fertigkeiten aus den Bereichen *„Leben und Lehre der Kirche“* (vgl. 0.1) zu erreichen, wirken Ausbildende und Auszubildende zusammen, um im Zuge der Ausbildung zum oder zur kirchlichen Verwaltungsangestellten folgende Bildungsleistungen zu realisieren: *„[...]*

a) Biblisches Grundwissen vermitteln, das ev. Schriftverständnis und die Bedeutung der Bekenntnisbindung darstellen,
b) Auftrag und Aufgaben der Kirche in der Gesellschaft erläutern,
c) Ämter, Dienste und Werke in Kirche, Diakonie und Mission darstellen,
d) Wohlfahrtspflege kirchlicher und nicht kirchlicher Träger beschreiben,

---

[6] APO § 8 (3) 1.

e) Gottesdienst und Amtshandlungen als Lebensäußerung der Kirche darstellen,

f) Formen örtlicher und überörtlicher ökumenischer Zusammenarbeit nennen".[7]

0.3. Stoffgliederungsplan

Ein Rahmen muss gefüllt werden. Im Blick auf die Ausbildung zum Beruf der oder des kirchlichen Verwaltungsfachangestellten umfasst dieser Rahmen die Fachbezeichnung für das Lehrfach, durch welches die Qualifikationen vermittelt werden, die zur Realisierung des entsprechenden Elements des Berufsbildes erforderlich sind. Außerdem umfasst er das Lehr- und Lernziel dieses Faches sowie die Lehr- und Lerninhalte:

0.3.1. Umfang

26 Unterrichtsstunden in 36 Monaten.[8]

0.3.2. Ziel

Die Auszubildenden kennen das Wesen und den Auftrag der Kirche und können einen Kontext zu ihrem Dienst in der kirchlichen Verwaltung herstellen.

---

[7] Ausbildungsrahmenplan für den Ausbildungsberuf zur / zum Verwaltungsfachangestellten / - Fachrichtung Kirchenverwaltung in den Gliedkirchen der Evangelischen Kirche in Deutschland – der Evangelischen Kirche im Rheinland, der Evangelischen Kirche von Westfalen und der Lippischen Landeskirche. APO Anlage 2 (kurz: Ausbildungsrahmenplan) Sachliche Gliederung – Abschnitt II: Kirchen-verwaltung in den Gliedkirchen der Ev. Kirche in Deutschland. Lfd. Nr. 1, Teil des Ausbildungsberufsbildes Leben und Lehre der Kirche: Zu vermittelnde Fertigkeiten und Kenntnisse, kurz: Rahmenplan.

[8] Stoffplan S. 2.

0.3.3. Inhalte

1. Die Bibel
2. Bekenntnisse, Bekenntnisstand
3. Die Grundartikel der Kirchenordnung
4. Gottesdienst und Sakramente
5. Die Gemeinde, besonders Pfarrerin/Pfarrer und weitere Mitarbeitende
6. Die Kirche
7. Das Evangelische Gesangbuch
8. Zeiten und Feste des Kirchenjahres
9. Grundzüge der Konfessionskunde (evangelisch/katholisch)
10. Diakonie[9]

0.4. Bezeichnung

Im Berufsbild wird die Formulierung *„Leben und Lehre der Kirche"* verwendet.[10] Der Stoffplan gebraucht die Fachbezeichnung *„Lehre von der Kirche / Kirchliche Lebensordnung und Grundzüge der Diakonie"*[11] Hier lässt sich noch der Prozess des

---

[9] Das Stichwort „Diakonie" ist entsprechend der Fachbezeichnung „Lehre von der Kirche / kirchliche Lebensordnung und Grundzüge der Diakonie" im Stoffplan für diese Arbeitshilfe als zusätzliches Stichwort aufgenommen worden. Die Liste der Inhalte im Stoffplan, S. 2, umfasst nur 9 Themen. Die Lfd. Nr. 10 „Diakonie" wird dementsprechend hier ergänzt.

[10] Rahmenplan, Abschnitt II, Nr. 1.

[11] Stoffplan, S. 2. Der Begriff „Lebensordnung" scheint im Stoffplan im Sinne des Ethos der Kirche gemeint zu sein. Insofern kann die kritische innertheologische Fachdiskussion zur Textsorte „Lebensordnung" hier unberücksichtigt bleiben. Bei dieser Diskussion geht es um die Frage, ob die Kirche als Institution über die Kirchenordnung hinaus in einer formalisierten „Lebensordnung" Aussagen über kirchlich erwünschte Verhaltensweisen von Gemeindegliedern treffen sollte. Materiell wird die

Zusammenwachsens unterschiedlicher Begrifflichkeiten erkennen. Aus inhaltlichen und stilistischen Gründen plädiere ich für die Bezeichnung *„Leben, Lehre und Ordnung der Kirche und Grundzüge der Diakonie"* (vgl. 0.3.5)

0.5. Gegenstand

Berufsbild und Fachbezeichnung versammeln wichtige Begriffe, die für die Mitarbeit in der Kirche wichtig sind: Leben, Lehre, Ordnung, Diakonie und eben: Kirche.

- Grundlegend wichtig ist das *Leben* der Christen aus Glauben an Gott im Dienst am Nächsten.
- Glaube ist ein bestimmter, nämlich christlicher Glaube. In unserem Falle: evangelischer Glaube. Deshalb bedarf es des Verstehens, worin Leben und Wesen des Glaubens bestehen. Dies geschieht in der *Lehre*, die man (wie die Theologie) auch als Reflexionsgestalt des Lebens im Glauben beschreiben kann.
- Evangelischer Glaube ist selbstbestimmter Glaube. Deshalb gibt die Gemeinschaft dieses Glaubens – die evangelische *Kirche* – sich selbst eine *Ordnung*, die ihrem Glauben entspricht. Die Ordnung der Kirche ist also Ausdruck ihrer Freiheit.
- Glaube ist in der Liebe tätig; daher gilt die *Diakonie* (einschließlich der Seelsorge) als Wesens- und Lebensäußerung der Kirche.

In der Formulierung *„Leben, Lehre und Ordnung der Kirche und Grundzüge der Diakonie"* findet dieser Zusammenhang seinen sachgemäßen Ausdruck.

Lebensordnung der EKU in diesem Lehrbuch im Sinne einer geschwisterlichen Beratung und Empfehlung und als Material zur Vertiefung beachtet.

0.6. Bedeutung

Für Verwaltungsmitarbeitende der Kirche ist das Fach „Leben, Lehre und Ordnung der Kirche und Grundzüge der Diakonie“ so wichtig wie für Verwaltungsmitarbeitende im Öffentlichen Dienst das Fach „Staatsbürgerkunde“: Es verankert die im Rahmenplan der Ausbildungs- und Prüfungsordnung aufgeführten Lehr- und Lernstoffe als Grundlagen der Verwaltungstätigkeit im Selbstverständnis der Kirche.

0.7. Wissensdimensionen

Professionelle Arbeit in der Kirche beruht auf einem Verständnis des Wesens und des Auftrags der Kirche, das alle Inhalte des Faches durchzieht. Dazu zählt die Kenntnis

- der den Glauben begründenden Urkunde (Bibel)
- der daraus sich ergebenden Grundbestimmungen des Glaubens (Bekenntnisse)
- der prägenden geschichtlichen Wurzeln und Erfahrungen (Kirchen- und Frömmigkeitsgeschichte)
- der handelnden kirchlichen Institutionen (Kirchenordnung, kirchliches Ethos, kirchliche Ämter und Dienste)
- sowie zentraler aktueller Themen und Fragestellungen, die das kirchliche Leben bestimmen (eigene Beobachtung und Erfahrung).

0.8. Quellen

Die erforderlichen hinreichenden Fachkenntnisse lassen sich gewinnen ausgehend von der persönlichen Beobachtung und Erfahrung, der Bibel, dem Gesangbuch und der Lebensordnung der Union Evangelischer Kirchen. Der erforderliche Kenntnisstand geht über den Kirchlichen Unterricht der Konfirmationszeit hinaus, bleibt aber unterhalb der Anforderungen eines theologischen Studiengangs an einer Hochschule (FH oder Universität).

Er bewegt sich im Bereich innerkirchlicher beruflicher Erwachsenenbildung.

0.9. Themen

Im Unterricht zu behandelnde Themen ergeben sich aus den im Stoffplan genannten Inhalten im Licht der Wissensdimensionen, die das Wesen und den Auftrag der Kirche verdeutlichen.

0.10. Prüfung

Die Form der Prüfung ist ein Prüfungsgespräch, das sich über die im kirchlichen Stoffgliederungsplan genannten Fächer erstreckt und bis zu 30 Minuten dauert.[12] Der persönliche Glaube von Mitarbeitenden ist für die verfasste Kirche ebenso unantastbar und frei, wie die Lebensgestaltung und das Gewissen es sind. Die Kirche darf ihren Mitarbeitenden keine bestimmte Form des Glaubens oder Lebens aufnötigen. Sofern aber Gemeindemitglieder in der Kirche ein bestimmtes Amt ausüben, bedürfen sie entsprechender professioneller Kenntnisse und eines professionellen Auftrags- und Aufgabenverständnisses.

Lesen Sie:

Das Inhaltsverzeichnis der Bibel.
Das Inhaltsverzeichnis des Gesangbuchs.
Die Übersicht „Wo finde ich was?" in der Bibel. (Lutherbibel 2017, S. 373-377)

---

[12] APO § 23 Mündliche Prüfung (1) 1 Die mündliche Prüfung besteht aus einem Prüfungsgespräch. 2 Sie erstreckt sich auf die im kirchlichen Stoffgliederungsplan [...] genannten Fächer. [...] 4 Die mündliche Prüfung soll für den einzelnen Prüfungsteilnehmenden nicht länger als 30 Minuten dauern.

1. Die Bibel

Für die evangelische Kirche ist die Bibel die Richtschnur, die für Lehre, Leben und Ordnung maßgeblich ist. Jesus lebte und starb als Glied seines Volkes Israel zu einer bestimmten Zeit an einem bestimmten Ort. In ihm gab sich Gott zu erkennen. Dies haben die Apostel mündlich als gute Nachricht (Evangelium) verbreitet. Auf dieses Evangelium haben Menschen mit Glauben geantwortet: Jesus ist der von Gott verheißene Retter und Erlöser, der Messias, also der Christus. Das Glaubenszeugnis der ersten Christen von den Worten und Taten Jesu wie von seinem Leiden und Sterben wurde in den Gemeinden aufgeschrieben: Durch den heiligen Geist schafft Gott den Glauben, dass Jesus Christus auferstanden ist, lebt, wirkt und der Herr seiner Gemeinde ist. In diesem Licht wurde auch die Schrift gelesen und ausgelegt, und in diesem Sinne gilt die Bibel Alten und Neuen Testaments in der Kirche als Gottes Wort.

1.1. Orte

Die geografischen Karten im Bibeleinband oder in einem besonderen Kartenteil zeigen, dass für die Bibel das *Gebiet* des heutigen Israel und Palästina am östlichen Mittelmeerraum zentral ist. In der alttestamentlichen Zeit ist Israel das Gebiet, auf dem sich die zwölf Stämme verteilt haben, und gilt als das dem Volk Gottes verheißene Land. Die zwölf *Stämme* sind nach den Söhnen Jakobs benannt, der von Gott den Namen „Israel“ erhalten hat. Der *Fluss* Jordan wurde biblischer Erzählung zufolge nach dem Auszug aus Ägypten überquert. *Jerusalem* ist die Stadt Davids und Salomos und Hauptstadt des südlichen Teilstaats Juda, *Samaria* die Hauptstadt des nördlichen Teilstaats, ebenfalls „Israel“ genannt. (Die Staatenteilung erfolgte nach der Zeit Salomos.) In der neutestamentlichen Zeit ist der von Jordan durchflossene *See Genezareth* im Norden mit dem Ort *Kapernaum* als Raum des Wirkens Jesu zu Anfang seiner öffentlichen Tätigkeit wichtig. Von dort aus zog er nach Jerusalem, wo er gekreuzigt wurde. Als Geburtsorte Jesu werden *Nazareth* (am See Genezareth) und *Bethlehem* (südlich von Jerusalem) in der Bibel genannt. Zur Zeit der Apostel breitete sich das Christentum über Israel hinaus bis nach *Kleinasien*, *Griechenland* und *Rom* aus.

1.2. Zeiten

Die Bibel umfasst den Zeitraum von 1200 vor Chr. bis etwa 150 n. Chr. und erstreckt sich über die Zeit der Ägypter, Assyrer, Babylonier, Perser, Griechen und Römer. Diese folgten einander jeweils als herrschende Großmächte der *Welt des Altertums*. Für Israel umfasst dies folgende Geschichtsabschnitte:

- die *vorstaatliche Zeit* der Erzeltern
- die *Staatswerdung* unter David und Salomo (10. Jh. v.Chr.)
- die *Teilung* in einen Nord- und einen Südstaat (Israel und Juda, 9. Jh.)
- den *Untergang des Nordreichs mit seiner Hauptstadt Samaria* (8.Jh.)
- den *Untergang Jerusalems* und damit des Staates Juda
- die Gefangenschaft (*Exil*) in Babylon (587 v.Chr.)
- den *Neubeginn* in Jerusalem (538/520)
- die Zeit der römischen Kaiser (vgl. Kaiser *Augustus*)

Die Entstehung der Bibel als Buch, also die Erstellung und Sammlung schriftlicher Dokumente des alten Israel und der christlichen Gemeinden, hat *rund 1.000 Jahre* gedauert.

1.3. Personen.

Wichtige und typische Personen in der Bibel sind

- in der vorstaatlichen Zeit die *Erzväter* Abraham, Isaak und Jakob mit ihren Frauen Sara, Rebekka und Rahel
- *Führergestalten* wie Josef, Mose und Aaron

- die „*Richter*“, die gegen die Philister (Seevölker des Mittelmeers in den Krieg zogen
- in der staatlichen und nachstaatlichen Zeit die *Könige, Priester und Propheten* als die herausragenden Gestalten: Die Priester leiteten den Kult, die Könige waren die Herrscher (und „Hirten“), die Propheten waren Boten Gottes für ihre jeweilige Zeit
- Im Zentrum des Neuen Testaments steht *Jesus*, umgeben von den *Zwölf* und den *Jüngerinnen und Jüngern* sowie, nach der Kreuzigung Jesu, den *Apostelinnen und Aposteln* als Zeugen der Auferstehung. Unter ihnen ragen Petrus und Paulus besonders heraus.

1.4. Aufbau

Die Bibel enthält in ihrem ersten, umfangreichsten Teil das *Alte Testament*, im zweiten, wesentlich dünneren Teil das *Neue Testament. Martin Luther* hat beide Teile jeweils untergliedert in *Geschichtsbücher, Lehrbücher* (im NT sind dies die Briefe) und *Prophetische Bücher*. Dem Alten Testament hat er die *„Apokryphen“* („verborgen, von der öffentlichen Verbreitung ausgeschlossen“) lediglich beigefügt. Sie seien „der Heiligen Schrift nicht gleich gehalten und doch nützlich und gut zu lesen“. Römisch-katholische Bibelausgaben stellen diese Bücher den alttestamentlichen Schriften gleich. Luther folgt mit seiner Entscheidung der hebräischen Bibel, die katholische Kirche der (umfangreicheren) griechischen Übersetzung.

1.5. Inhalt

Das Alte Testament enthält eine Vielzahl von Texten unterschiedlicher Art: Geschichtsberichte, Sagen, Dichtungen, Listen, Gesetze, Prophetensprüche. Damit ist von Anfang an klar: Die Bibel ist kein rein religiöses Buch; sie ist auch ein politisches, rechtliches und kulturelles Buch. Die verschiedensten *Textsorten* haben ihren roten Faden in *Gottes Geschichte mit Israel*, seinem

Volk, und in der Geschichte Israels mit seinem Gott. Vorangestellt ist die *Urgeschichte.* Diese handelt von der Schöpfung der Welt und der Schöpfung des Menschen, von dem Eintritt des Bösen in die Geschichte, vom Beginn menschlicher Kultur und der Vielfalt der Völker, bis dann mit der Erwählung Abrahams die Geschichte Israels beginnt. Diese wird erzählt, bis sie im 2. Buch der Könige mit dem Untergang des Staates Israel zunächst endet. Das Neue Testament enthält im Evangelium mit seinen vier Fassungen die Verkündigung des *Evangeliums von Jesus Christus in der Form einer Biografie Jesu* mit seiner Geburt, seinen Taten, seinen Worten, sowie seinem Leiden, Sterben und seiner Auferstehung. In den Briefen, die vornehmlich Paulus, Petrus und Johannes zugeordnet werden, geht es um grundsätzliche *Themen des christlichen Glaubens* und um konkrete *Probleme der Gemeinden.* Die Johannesapokalypse schließlich enthält Sendbriefe an sieben Gemeinden, die gelobt und ermahnt werden, und schließlich ein großes Szenario vom Ende der Welt und vom *endgültigen und für alle sichtbaren Anbruch der Herrschaft Gottes.*

1.6. Entstehung

Die Bibel ist eigentlich eine *Bibliothek,* also eine Sammlung vieler verschiedener Bücher, die ihrerseits wieder in Büchergruppen zusammengefasst sind. Die wichtigste Zeit für die Bibelentstehung war die Zeit nach dem *Untergang Jerusalems (597 v. Chr.)*; denn diese Katastrophe hat dazu geführt, Rückschau zu halten, nach Erklärungen zu suchen für das, was passiert ist, auch Trost und Hoffnung zu finden für eine vielleicht doch noch mögliche Zukunft. Das heißt also: Es wurde gesammelt, was immer man aus der Vergangenheit auftreiben konnte, es wurden große literarische Werke geschaffen, die die *Geschichte Israels aufarbeiteten*, von den Anfängen über die große Zeit Davids und Salomos bis zum Untergang und der Gefangenschaft in der Fremde. Bis zur Zeit Jesu setzte sich das Werden des Alten Testaments fort, weil auch die Wiederanfänge in Jerusalem nach dem Exil unter der Perserherrschaft und die *Entstehung der jüdischen Gemeinde* in Jerusalem unter wechselnden Fremdherrschaften sich in verschiedenen Schriften niederschlugen und überliefert wurden. Für Jesus und die ersten Christen war *„die Schrift"* (der später „Altes Testament" genannte Teil der Bibel) Bestandteil ihres gläubigen Selbstverständnisses, allerdings kamen nun neue, eigene Schriften hinzu. *Briefe der Apostel* wurden in den Gottesdiensten verlesen, gesammelt und aufbewahrt. Die *Form des Evangeliums* war etwas ganz Neues; sie nahm mündliche und schriftliche Glaubenszeugnisse in die Darstellung des Lebens Jesu auf. Die Apostelgeschichte erzählt als *erste schriftliche Kirchengeschichte* die Ausbreitung der Kirche von Jerusalem und Samaria bis nach Rom. Und mit der *Apokalypse* wurde der Glaube an Jesus in den großen Bogen von der Schöpfung bis zum Ende der Zeiten eingeordnet. So entstand durch den gottesdienstlichen Gebrauch in Israels Synagogen der *Tenach* (Gesetz, Propheten, Schriften) und in den sich schrittweise von Israel absondernden christlichen Gemeinden die *Bibel mit Altem und Neuem Testament* (Evangelium, Apostelgeschichte, Briefe, Apokalypse).

1.7. Sprache

Die Sprache des Alten Testaments ist das *Hebräisch*e, in Teilen das *Aramäisch*e. Das Hebräische ist eine Konsonantenschrift, geschrieben von rechts nach links. Das alte Israel und seine Nachbarvölker (die semitischen Völker) haben eine vergleichbare Schrift im Unterschied zur Bilderschrift der Ägypter (Hieroglyphen), zur Silbenschrift der Hethiter, Assyrer, Sumerer und Babylonier (Keilschrift) und zur Buch-stabenschrift der Phönizier, Griechen und Römer. Das *Neue Testament* ist *griechisch* geschrieben. Griechisch wurde seit der Zeit Alexanders des Großen zur Weltsprache. Sie verband den gesamten Mittelmeerraum bis in den Mittleren und Fernen Osten hinein. Jesus hat aramäisch gesprochen. Mittlerweile ist die Bibel in fast alle Sprachen der Welt übersetzt. In der deutschen Sprache sind *Übertragungen* wie die alltagssprachliche Gute Nachricht, und *Übersetzungen* zu unterscheiden. Wissenschaftliche Übersetzungen, wie man sie in wissenschaftlichen Kommentaren finden kann, sind genau, aber wenig eingängig. Konfessionell geprägte Übersetzungen (die römisch-katholischen Einheitsübersetzung, die reformierte Zürcher Bibel und die Lutherbibel) unterscheiden sich voneinander durch ihren Sprachstil und die ihnen zugrunde liegende theologische Gesamtauffassung.

1.8. Berühmte Texte

Die Bibel ist *Weltliteratur* und enthält eine Vielzahl berühmter Texte, die in die Literatur, Musik, bildende und darstellende Kunst eingegangen sind. Im Alten Testament wären zu nennen: Die Schöpfungserzählung, Kain und Abel, der Sündenfall, die Berufung Abrahams, Josef und seine Brüder, Mose und der Auszug aus Ägypten durch das Rote Meer, die zehn Gebote, das goldene Kalb, David und Bathseba. Im Neuen Testament sind es die Weihnachtsgeschichte, die Bergpredigt einschließlich der Seligpreisungen und des Vaterunsers, der barmherzige Samariter, die Ostergeschichten, die Pfingstgeschichte, die Bekehrung des Paulus, der Taufbefehl und die Einsetzungsworte des Abendmahls, um nur einige Beispiele herauszugreifen.

1.9. Kanon

Während die Bibel entstand, hatte die isrealitische Gemeinde genau wie später die christliche Gemeinde stets die Entscheidung zu treffen, welche Schriften in den Gottesdiensten benutzt werden sollten und welche nicht. Grundsätzlich ist dieser Prozess bis heute nicht zu Ende. Theoretisch könnte jede Kirche die Zusammensetzung ihrer Bibeln immer noch verändern. Tatsächlich aber ist dieser Prozess zum Abschluss gekommen, als sich in den christlichen Gemeinden die Einsicht durchsetzte, dass die Zeit der Apostel, also der tatsächlichen Osterzeugen und maßgeblichen Autoren der Schriften vorbei war. Nun galt die bestehende Zusammenstellung der biblischen Bücher als „Kanon" (Maßstab,

Richtschnur). Dies gilt bis heute, wenn auch in unterschiedlichen Kirchen unterschiedlich.

1.10. Gebrauch

Die Bibel ist ein Gebrauchsbuch, in erster Linie ein Buch zum Gebrauch im Gottesdienst der versammelten Gemeinde. Dort wird sie verlesen, und dort wird sie in der Predigt ausgelegt. Alle gottesdienstlichen Handlungen leiten sich von der Bibel ab und führen zur biblischen Botschaft hin. In Glaubensbekenntnissen werden biblische Aussagen zusammengefasst. Die Bibel liegt aber auch der kirchlichen Lehre zugrunde. Katechismen legen biblische Kerntexte wie die Zehn Gebote, den Taubefehl und die Abendmahlsworte aus. Kirchenlieder antworten auf die biblische Botschaft. In der persönlichen Frömmigkeit spielt bis heute bei vielen Gemeindegliedern die Bibellektüre (z. B. in Form er Herrnhuter Losungen) eine große Rolle. Bibelworte werden als Tauf-, Konfirmations-, Trau- oder auch als Grabsteinsprüche benutzt. Immer wieder werden sie auch im allgemeinen Sprachgebrauch ernsthaft oder scherzhaft zitiert.

Lesen Sie:

Die beiden Schöpfungserzählungen: 1. Mose 1-2,4 und 2. Mose 2,4-25.
Die Berufung Abrahams: 1. Mose 12, 1-9.
Der Durchzug Israels durch das Rote Meer: 2. Mose 14.
Die zehn Gebote: 2. Mose 20, 1-17.
(Diese sollten Sie, wenn nicht auswendig, so doch recht gut kennen.)
Die Eroberung Jerusalems durch König David: 2. Samuel 5, 1-7.
Die Zerstörung Jerusalems und die Gefangenschaft Israels in Babylon: 2. Könige 24-25.
Als Beispiel für Wundergeschichten Jesu: Matthäus 8.
Als Beispiel für Gleichnisse Jesu: Markus 4, 3-9; 26-29; 30-34.
Die Bergpredigt Jeus: Matthäus 5-7
Das Leiden, Sterben und Auferstehen Jesu (Passions- und Ostergeschichte): Lukas 22-24.

2. Bekenntnisse/Bekenntnisstand

Die evangelische Kirche ist eine von vielen Konfessionskirchen. Das Wort „Konfession“ bedeutet „Bekenntnis“. Eine Konfessionskirche versteht sich als eine Glaubensgemeinschaft, die sich innerhalb einer Vielzahl anderer christlicher Glaubensgemeinschaften an eine bestimmte Auffassung des christlichen Glaubens gebunden hat und öffentlich zu ihr steht. Sie ist durch ihr gemeinsames Bekenntnis zu Jesus Christus mit anderen Konfessionen verbunden; sie ist zugleich durch eine bestimmte Lehre, Gottesdienstgestaltung, Lebensauffassung und Leitungspraxis von anderen Konfessionskirchen unterschieden. Die Unterscheidung christlicher Konfessionen entspricht der Vielfalt von Gemeindeformen und Glaubensüberzeugungen, die bereits im Neuen Testament zu beobachten ist und sich in späteren Zeiten in Konflikt und Konsens fortgesetzt hat. Insofern gibt es keine Kirche, die nicht Konfessionskirche wäre.

2.1. Alltagssprachgebrauch

Im alltäglichen Sprachgebrauch ist von Bekenntnissen oft die Rede. Im politischen Raum wird das Bekenntnis zu Demokratie und Verfassung gefordert. Zu trauriger Berühmtheit sind sogenannte „Bekennerschreiben“ gelangt, wenn terroristische Gruppen erreichen wollen, dass Gewalttaten ihnen (zu Recht oder zu Unrecht) zugeschrieben werden. Auch im persönlichen Umgang sind Bekenntnisse wichtig: Wenn Freunde oder in Liebe verbundene Paare durch andere angefragt oder in Frage gestellt werden, ist es ein Zeichen und Gebot der Loyalität und Treue, dass man sich zueinander bekennt. Es ist auch – je nach Situation – durchaus geboten, sich im Freundes- oder Kollegenkreis oder anderwärts zu seinem christlichen Glauben und zu seiner Kirche zu bekennen.

2.2. Kirchlicher Sprachgebrauch

Im kirchlichen Sprachgebrauch unterscheidet man zwischen dem aktuellen Bekennen des Glaubens und dem geschriebenen Bekenntnis, auf das sich eine Glaubensgemeinschaft nach längerer Beratung und aufgrund gemeinsamer Erfahrung und Entscheidung verständigt. Derartige Bekenntnisse beruhen auf einem Konsens, wie er in einer Versammlung (Synode) festgestellt werden kann. Dies kann sich in einem relativ kurzen, formelhaften Text niederschlagen, etwa im apostolischen *Glaubensbekenntnis*, das an jedem Sonntag gesprochen wird. Handelt es sich um längere Ausführungen zu den wesentlichen Aussagen des Glaubens, so spricht man von *Bekenntnisschriften*. (Die römisch-katholische Kirche spricht von *Dogmen*, weil dort die Wahrheit der Glaubenslehre durch das Leitungsamt gesichert wird, das diese Wahrheit festlegt. Dogmen haben den Charakter von amtlichen Verlautbarungen.) Bekenntnisschriften wurden in der *Reformationszeit* erforderlich, um gegenüber Kaiser und römischer Kirche darzulegen, dass der neue, evangelische Glaube zu Recht für sich beanspruchen konnte, christlicher Glaube, also eigentlich der alte Glaube zu sein (Re-Formation!). Die Barmer Theologische *Erklärung*, in der sich 1934 evangelische Gemeinden gegen die Einführung des Arierparagraphen und des Führerprinzips durch die „Glaubensbewegung Deutsche Christen" zur Wehr setzten, wird zwar nicht „Bekenntnis" genannt, gilt aber in den evangelischen Kirche ebenfalls als maßgeblich für das Glaubensverständnis.

2.3. Bibel und Bekenntnis

Das Bekenntnis von Christen ist nicht aus sich selbst heraus gültig. Es ist immer nur Auslegung der Bibel für eine bestimmte Zeit für bestimmte Menschen. Die Bekenntnisse der Kirche antworten also auf bestimmte Herausforderungen ihrer Zeit. So war es beispielsweise in der frühen römischen Gemeinde erforderlich, Worte zu finden, mit denen Taufbewerber kurz und bündig erklären konnten, woran sie als Christen glaubten. Aus diesem kurzen Taufbekenntnis ist dann das Apostolikum als anerkannte kurze Zusammenfassung der christlichen Glaubenslehre entstanden. Nachfolgende Generationen haben diesen Text auch als für sie hilfreich angenommen, so dass er (neben dem Athanasianum und dem Nicaenum) heute nach wie vor geeignet ist, das Gemeinsame von orthodoxer, römisch-katholischer und evangelischer Kirche zum Ausdruck zu bringen. Mit der Bibel (Kanon = „Messschnur") und dem Glaubensbekenntnis (regula fidei = „Glaubensregel") schützte die alte Kirche sich gegenüber Abweichungen in Fragen der Lehre und der Lebensordnung.

2.4. Sinn / Funktion

Glaubensbekenntnisse haben die Funktion, den christlichen Glauben in einer bestimmten Situation verbindlich zu bezeugen. Darin bekennen Christen sich zunächst zu *Gott*, indem sie ihn als ihren Gott anerkennen. Sie bekennen sich außerdem zueinander als der *Gemeinschaft der Gläubigen*. Und sie bekennen sich zu einer bestimmten Form und *Lehre ihres Glaubens*. Sie bekennen sich damit des Weiteren *gegenüber Dritten*, sei es, zu deren Information, sei es in Konfrontation gegen sie. Bekenntnisse haben gleichermaßen eine abgrenzende wie eine Gemeinschaft stiftende Funktion. Sie *grenzen ab*, weil wesentliche Unterschiede zwischen der evangelischen, der römisch-katholischen und orthodoxen Kirche bestehen. Sie *stiften Gemeinschaft* innerhalb der jeweiligen Konfession. In der evangelischen Kirche ist es möglich, zwar einen unterschiedlichen *Bekenntnisstand* (lutherisch, reformiert, uniert, s. u. Ziff. 2.7.) aber dennoch Kirchengemeinschaft miteinander zu haben, also gemeinsam Gottesdienst zu feiern und die Ämter und kirchlichen Handlungen gemeinsam zu haben. Mit der römisch-katholischen und orthodoxen Kirche besteht keine *Kirchengemeinschaft*, es bestehen aber *ökumenische Beziehungen* zu ihnen.

2.5. Altkirchliche Bekenntnisse

Altkirchliche Bekenntnisse sind diejenigen Bekenntnisse, die römisch-katholische, orthodoxe und evangelische Kirche gemeinsam haben. Sie sind in der Zeit der „Alten Kirche“ entstanden, also in der Zeit nach der „apostolischen Zeit“ bis zum Tode des Kirchenvaters Augustinus und dem Untergang des römischen Reiches, womit das Mittelalter beginnt. In dieser Zeit kam auch der Kanon des Neuen Testaments langsam zum Abschluss. Die altkirchlichen Bekenntnisse sind *das apostolische, das athanasianische und das nicänische Glaubensbekenntnis*. Das apostolische Bekenntnis ist nach wie vor in Gebrauch, das Athanasium eher unbekannt. Es handelt von der Beziehung, in der die drei Personen der Trinität zueinander stehen. Das nicänische Glaubensbekenntnis wird bei besonderen Anlässen, wie etwa zu Ostern oder Pfingsten gesprochen. Es enthält das Bekenntnis zu den vier Wesensmerkmalen der Kirche: *Einheit, Heiligkeit, Katholizität (Allgemeinheit, Christlichkeit) und Apostolizität.*

2.6. Bekenntnisse der Reformationszeit

Bei den Bekenntnissen der Reformationszeit sind die lutherischen und die reformierten Bekenntnisse zu unterscheiden. Zu den *lutherisch*en Bekenntnisschriften zählen:

- Der kleine und der große Katechismus Martin Luthers
- das Augsburgische Bekenntnis (Confessio Augustana, CA) mitsamt der Apologie (Verteidigungsschrift)
- der Traktat von der Gewalt und Obrigkeit des Papstes
- die Schmalkaldischen Artikel und
- die Konkordienformel.

Die lutherischen Bekenntnisse sind im *Konkordienbuch* zusammengefasst.

Die *reformierte Kirche* kennt folgende Bekenntnisschriften:

- Genfer Katechismus 1536 und Kirchenordnung 1541/61
- Bekenntnisse für Frankreich, Schottland, die Niederlande / Belgien und die Schweiz
- Heidelberger Katechismus.

2.7. Bekenntnis und Union

Bereits in der Reformationszeit hat es Bemühungen gegeben, die Auffassungsunterschiede zwischen lutherischen und reformierten Gemeinden zu überwinden. Diese blieben jedoch erfolglos.

- Vom *Augsburger Religionsfrieden 1555*, mit dem die Reformationszeit endete und das konfessionelle Zeitalter begann, blieben die Reformierten ganz ausgeschlossen.
- Erst im *Westfälischen Frieden von 1648*, der den Dreißigjährigen Krieg beendete, wurden sie, wie zuvor schon die Lutheraner, rechtlich geschützt.
- 1817 entschied der preußische König Friedrich Wilhelm III, in Preußen eine gemeinsame Gottesdienstordnung für beide evangelische Konfessionen einzuführen und begründete so die Kirche der Altpreußischen Union (APU).

Damit war allerdings eine dritte Konfession ohne eigenes Bekenntnis entstanden: Nun gab es Lutheraner, Reformierte und Unierte.

2.8. Barmer Theologische Erklärung

Als die „Deutschen Christen“ nach Beginn der nationalsozialistischen Herrschaft (1933) die Einführung des Arierparagraphen und des Führerprinzips in der Kirche forderten, führte dies zum „Kirchenkampf“. Dieser brachte die drei evangelischen Konfessionen einander näher. Gemeinsam beschlossen die Mitglieder der Barmer Bekenntnissynode, die aus Mitgliedern aller drei Bekenntnisse bestand, 1934 die sogenannte „Barmer Theologische Erklärung“. Diese bestand aus sechs Thesen. Die

Thesen wurden mit einem Schriftwort eingeleitet, es folgten ein positiver Bekenntnissatz und dann ein Verwerfungssatz.

2.9. Leuenberger Konkordie

Das gemeinsame Bekenntnis in einer besonderen Ausnahmesituation setzte ein starkes Zeichen der Verbundenheit, schuf aber noch keine volle Kirchengemeinschaft. Diese wurde erst durch die *Leuenberger Konkordie 1973* geschaffen. Ihr waren lange Gespräche über die verschiedenen Auffassungen in der *Abendmahlslehre* und im *Amtsverständnis* vorausgegangen. Erst aufgrund der in der *Arnoldshainer Konferenz* in den Arnoldshainer Abendmahlsthesen gefundenen Lösung, wurde der Weg zur Kirchengemeinschaft frei.

2.10. Reformation als Bekenntnisbewegung.

Die Reformation lässt sich als eine Bekenntnisbewegung verstehen, welche die Missstände in der damaligen römisch-katholischen Kirche überwinden und die in der Bibel gemeinte Kirche des Glaubens an Jesus Christus wiederherstellen wollte (Re-Formation). Tatsächlich aber hat sie Gottes Wort *neu* bezeugt und mit ihrem Bekenntnis das Evangelium in ihrer Zeit mit ihren Mitteln neu ins Spiel gebracht. Den dynamischen Charakter (ecclesia semper reformanda – Die Kirche bedarf ständig der Reform) kann man als Merkmal der Kirchen in reformatorischer Tradition betrachten. Das aktuelle Bekennen und das von den vorangegangen Generationen gefundene Bekenntnis werden immer neu als aktuelle Auslegung der Schrift aufeinander bezogen.

Lesen Sie:

EG 853: Das Apostolische Glaubensbekenntnis.
(Dies sollten Sie auswendig können.)
EG 854: Das Glaubensbekenntnis von Nizäa-Konstantinopel.
EG 858: Die Theologische Erklärung der Bekenntnissynode von Barmen.

3. Die Grundartikel der Kirchenordnung

Die Kirchen haben in Deutschland das Recht, ihre Angelegenheiten selbstständig zu regeln. Sie können sich eine eigene Ordnung geben. Entsprechend den konfessionellen, regionalen und theologischen oder frömmigkeitsgeschichtlichen Prägungen gilt dies für jede einzelne Kirche: Diese gibt sich eine je eigene Ordnung und hat die Möglichkeit, die Grundlagen dieser Ordnung selbst zum Ausdruck zu bringen. Wie bei einer Staatsverfassung bzw. dem Grundgesetz werden Grundartikel dem Text der Kirchenordnung vorangestellt, in denen die Grundüberzeugungen der jeweiligen Kirche niedergelegt sind.

3.1. Zweck

Die Grundartikel der Kirchenordnung werden den weiteren Bestimmungen der Kirchenordnung vorangestellt. Die rheinische und die lippische Kirche erweitern diese noch um eine Präambel. So wird verdeutlicht, dass alles Recht in der Kirche im Bekenntnis der Kirche zu Gott begründet ist und von daher seine Legitimität und seine Begrenzung erfährt. Eine Trennung von Glaube hier und Recht dort ist damit ausgeschlossen wie die unmittelbare Anwendung von persönlichen oder kirchlichen Bekenntnissen als Rechtsnormen: Die evangelischen Kirchen kennen weder göttliches Recht noch die unmittelbare Geltung religiöser, vermeintlich geistgewirkter Überzeugungen, die für sich beanspruchen, über dem Recht zu stehen. Die Verschiedenheit der Grundartikel in unterschiedlichen Landeskirchen macht deutlich, dass jede Kirche in ihren Grundartikeln ihren jeweils eigenen kirchlichen Glaubenskonsens zum Ausdruck bringen kann, solange er dem christlichen und evangelischen Glaubens- und Bekenntnisstand insgesamt entspricht.

3.2. Aufbau

Die Grundartikel (Plural!) bilden gemeinsam die theologische Grundlegung der Kirchenordnung und führen in den entsprechenden einzelnen Artikeln die Bekenntnisgrundlagen der Kirche, die Bekenntnisgemeinschaft innerhalb der Kirche, die Bedeutung des Bekenntnisses für Amt und Dienst in der Kirche und die Gemeinschaft, in der die Kirche mit anderen steht, auf. Rheinland und Lippe stellen den Grundartikeln eine Präambel voran, die das Bekenntnis zum Dreieinigen Gott enthält.

3.3. Gemeinsamer Inhalt

Gemeinsam ist den Grundartikeln der drei RWL-Kirchen das Bekenntnis zum Evangelium von Jesus Christus, dem apostolischen Zeugnis der Schrift Alten und Neuen Testaments, der altkirchlichen Bekenntnisse, der reformatorischen Bekennt-nisse und der Barmer Theologischen Erklärung.

3.4. Besonderheiten

3.4.1. Evangelische Kirche im Rheinland

Die rheinische Kirche bewahrt in ihrer Präambel mit deutlicher Betonung reformiertes Erbe. Sie stellt *Jesus Christus als den Handelnden* heraus, der seine Kirche in den Gehorsam (Heiligung!) hineinnimmt. Die Taufe gilt als Berufung und Beauftragung zur Mitarbeit am Auftrag, den Christus der Kirche gegeben hat. In Artikel I bezeugt die rheinische Kirche des Weiteren die bleibende Erwählung Israels.

3.4.2. Evangelische Kirche von Westfalen

Die westfälischen Grundartikel (ohne Präambel) sprechen zunächst nicht von dem, was Christus tut und die Christen zu tun berufen sind, sondern von dem, worauf die EKvW als Kirche gegründet *ist*. Sie spricht nicht zuerst von Christus, sondern von der westfälischen Kirche: Diese ist auf das Evangelium gegründet und steht unter Christus ihrem Haupt. Noch vor Nennung der altkirchlichen Bekenntnisse wird unmittelbar aus dem biblischen apostolischen Zeugnis die Lehre von der Rechtfertigung allein aus Gnaden durch den Glauben abgeleitet. Die westfälischen Grundartikel tragen damit einen deutlichen lutherischen Akzent.

3.4.3. Lippische Landeskirche

Die Präambel der Lippischen Grundartikel spricht von dem, was die Lippische Landeskirche *tut*: Indem sie sich eine Verfassung gibt, bekennt sie sich dazu, eine auf apostolischem Grund erbaute Kirche zu *sein*. Die Lippische Landeskirche bekennt sich zu Gott, der die Welt aus dem Nichts geschaffen und Israel erwählt hat und ihm die Treue hält. Die Lippische Landeskirche hat sich damit lutherische und reformierte Aspekte verbindende, unierte Grundartikel gegeben.

3.5. Bekenntnisstand

Alle drei RWL-Kirchen stellen in ihren Grundartikeln klar, dass sowohl lutherische wie auch reformierte Gemeinden in ihrem Bekenntnisstand geschützt sind, ebenso wie Gemeinden, die als unierte Gemeinden das Gemeinsame der Reformation verbinden. Die Landeskirchen haben insofern kein gemeinsames „uniertes" Bekenntnis. Es liegt also keine „Bekenntnisunion" vor. Stattdessen handelt sich hier um Kirchenordnungen, die eine „Verwaltungsunion" gestalten. (Dies hat zur Folge, dass von lutherischen Landeskirchen her auch die Frage gestellt werden kann, ob denn eine Kirche „ohne" Bekenntnis überhaupt eine Kirche sein kann.)

3.6. Rechtfertigungslehre

Die Rechtfertigungslehre ist Gemeingut aller evangelischen Kirchen, auch wenn die EKvW sie in ihren Grundartikeln als einzige der drei RWL-Kirchen ausdrücklich hervorhebt. Für die Rechtfertigungslehre sind folgende Aspekte wesentlich:

3.7. Freiheit

Martin Luther war ein mittelalterlicher, von Ängsten (vor der Hölle, vor Gottes Gericht) gequälter Mensch. Seine Frage lautete: „Wie kriege ich einen gnädigen Gott?" Seine Entdeckung war: Die Gnade Gottes rechtfertigt den Menschen allein aus Glauben und macht ihn frei, wie Luther sich ausdrückte, von der Herrschaft der Sünde, des Todes und des Teufels. Wenn auch Höllenvorstellungen heute die Menschen nicht mehr plagen, so bleibt aber die Frage: Was gibt mir Gewissheit (Selbstgewissheit, Lebensgewissheit, Weltgewissheit), dass ich angenommen, geliebt, etwas wert, „okay" bin?

3.8. Gute Werke

Das probate Mittel zur Zeit Luthers, sich der Gnade Gottes zu versichern, war eine intensive, den Geboten der Kirche folgende Frömmigkeit, wie sie etwa im Klosterleben als idealtypisch verwirklicht galt (Fasten, Heiligenverehrung, Wallfahrten, fromme Übungen, Enthaltsamkeit, Gehorsam, Demut, Selbstkasteiung, Weltentsagung). Luther machte deutlich: Christen tun Gutes, nicht, um von Gott anerkannt zu sein, sondern aus Dank für die Erfahrung von Gottes Gnade. Strategien der Selbstvergewisserung heute bestehen beispielsweise in Leistungs- und Statusdenken, Radikalität des Engagements, Versenkung in spirituelle Erfahrungen oder angepasstes Konsumieren und Sich-Treiben-Lassen.

3.9. Hochmut und Verzweiflung

Luther behauptet aufgrund seiner Schriftstudien und aufgrund eigener Erfahrung: Die Strategien menschlicher Selbstversicherung lösen das Problem nicht, sondern sie verschärfen es. Je mehr ich davon versuche, desto mehr brauche ich davon und ende entweder in Hochmut oder in Verzweiflung: Entweder halte ich mich für anderen überlegen oder ich verliere mich in Selbstzweifeln.

3.10. Wort und Glaube

Die Rechtfertigungslehre hat Luther vor allem aus dem Römerbrief des Apostel Paulus gewonnen (Röm. 3,21-28). Sie lautet: Der Mensch wird gerecht vor Gott nicht aus guten Werken sondern *allein* aus Gottes Gnade.

- Es gilt das vierfache Allein: allein durch Christus, allein durch Gnade, allein durch Glauben, allein durch die Schrift. (Solus Christus, sola gratia, sola fide, sola scriptura). *„Glaubst du's, so hast du's"*, konnte Luther sagen.
- Die guten Taten kommen von selbst, nämlich aus Freude und Dankbarkeit. Sie folgen nicht irgendwelchen Vorschriften sondern antworten in Glaube und Liebe auf die Herausforderungen, die das Leben (und damit der Geber des Lebens, Gott) stellt.
- Vgl. aber: Calvin und die Heiligung des christlichen Lebens (Ziffer 6.7)

Lesen Sie:
Die Grundartikel der Kirchenordnungen der Evangelischen Kirche im Rheinland, der Evangelischen Kirche von Westfalen und der Lippischen Landeskirche.

4. Gottesdienst und Sakramente

Der Gottesdienst steht in der Mitte des Lebens der Kirche. Dies gilt in mehrfacher Hinsicht. Im Gottesdienst wird die gute Nachricht von Jesus Christus öffentlich, regelmäßig und verlässlich durch dazu von der Kirche ausdrücklich ausgebildete und beauftragte Personen bekanntgemacht. Die im Gottesdienst versammelte Gemeinde bekennt sich ihrerseits zu dieser Botschaft. Christlicher Gottesdienst hat nicht nur die Form der liturgischen Feier; als Gottesdienst im Alltag hat der Gottesdienst die Form praktizierter Nächstenliebe aus Glauben. Das Wort Gottes nimmt in der versammelten Gemeinde unterschiedliche Gestalt an: Es verbindet sich mit materiellen Zeichen wie Wasser, Brot und Wein. So begründet und stärkt Gott die Gemeinschaft zwischen Gott und Menschen, indem er die Gaben seiner Schöpfung zu Gleichnissen seiner Herrschaft macht.

4.1. Begriff „Gottesdienst".

Das deutsche Wort „Gottesdienst" ist in doppelter Hinsicht doppeldeutig; es kann (1) den *Dienst Gottes* und den *Dienst für Gott* bezeichnen. So formulierte Martin Luther bei der Einweihung der Schlosskapelle zu Torgau am 5. Oktober 1544: Das neue Haus soll dahin ausgerichtet werden, *"dass nichts anderes darin geschehe, denn dass unser lieber Herr selbst mit uns rede durch sein heiliges Wort, und wir wiederum mit ihm reden durch Gebet und Lobgesang".* Der Begriff „Gottesdienst" ist aber auch noch in anderer Weise doppeldeutig: Als Martin Luther gefragt wurde, was christlicher Gottesdienst sei, antwortete er darauf mit einer Auslegung der zehn Gebote. Es ist also, wie auch Paulus im Römerbrief (Kapitel 12) getan hat, (2) zu unterscheiden zwischen dem *Gottesdienst im Alltag* und dem liturgischen *Gottesdienst in der versammelten Gemeinde*.

4.2. Formen des Gottesdienstes

Die Form oder Ordnung des Gottesdienst wird im *Gottesdienstbuch* (früher: Agende) festgelegt. Dort wird unterschieden zwischen dem liturgisch reicher ausgestalteten *Sakramentsgottesdienst* mit Abendmahl und der schlichteren Form des *Predigtgottesdienst*es. Der Sakramentsgottesdienst lässt sich auf den Opfergottesdienst Israels im Jerusalemer Tempel zurückführen, der Predigtgottesdienst auf den Gottesdienst in der Synagoge. Die konkrete Form des Gottesdienstes lässt sich des Weiteren nach *Anlass, Zielgruppe und Ort* unterscheiden. Anlass für den Gottesdienst können sein der jeweilige Sonntag im Kirchenjahr, ein besonderer Feiertag oder ein besonderes öffentliches Ereignis (z. B. Katastrophen und Gedenktage) oder ein besonderer biografischer Anlass (z. B. bei Gottesdiensten zur Kindertaufe, zur Konfirmation, zur Trauung, zum Ehejubiläum oder zur Bestattung). Bei besonderen Zielgruppen ist an Kinder, Familien, Jugendliche, Senioren, Berufsgruppen oder gesellschaftliche Gruppen (z. B. Politiker bei Gottesdiensten zu Beginn einer neuen Legislaturperiode) zu denken. Orte des Gottesdienstes können z. B. die Kirche, das Krankenhaus, der Friedhof oder ein öffentlicher Platz sein.

4.3. Funktion und Bedeutung

Die evangelische Kirche versteht sich als „Geschöpf des Wortes" (creatura verbi). Sie entsteht also dort, wo das Wort Gottes öffentlich verkündigt wird und Menschen so erreicht, dass sie darauf mit Glauben antworten und zum Dienst der Nächstenliebe angeregt und angehalten werden. Die Sakramente (Taufe und Abendmahl) lassen sich als eine im Gebot Christi begründete bestimmte Gestalt des Wortes verstehen. Sie wirken zugleich als Ausdruck des Glaubens wie auch als Stärkung des Glaubens. Die Pointe des evangelischen Gottesdienstes lautet: In seinem Wort ist Gott selbst gegenwärtig und handelt.

4.4. Mitwirkende

Unverzichtbar für den Gottesdienst ist die Gemeinde, die sich im Glauben um das Wort Gottes versammelt, es hört, ihren Glauben bekennt, ihr Dankopfer zusammenlegt (Kollekte), singt und betet. Die regelmäßige öffentliche Verkündigung des Wortes Gottes erfolgt durch eine von der Gemeinde dazu berufene (ordinierte / besonders beauftragte) und entsprechend dazu befähigte Person. Im Notfall kann diese Aufgabe aber jeder Christ übernehmen. Darüber hinaus wirken z. B. Kirchenmusiker(innen), Küster-(innen), Presbyter(innen), Lektor(inn)en und Gemeindesekretärinnen (z. B. bei der Vor- und Nachbereitung) am Gottesdienst mit. Darüber, wer in der Gemeinde Dienst tut, entscheidet die Gemeinde selbst.

4.5. Ordnung und Elemente

Die Ordnung des Gottesdienst besteht aus unterschiedlichen Elementen, deren besondere Eigenart und Reihenfolge die Gemeinde auf einen gottesdienstlichen „Weg“ mitnimmt:

- In der *Eröffnung* stellt sich die Gemeinde unter den Namen des dreieinigen Gottes.
- Im *Psalmgebet* (Inroitus) teilt sie den Weg des Gottesvolkes von der Schöpfung durch die Geschichte hindurch in Klage, Bitte und Dank.
- Im *Sündenbekenntnis* (Kyrie) bekennt sie im Vertrauen auf Gottes Vergebung ihren Unglauben und ihre Lieblosigkeit.
- Im *Gloria* lobt sie Gott für seine Gnade.
- Mit dem *Kollektengebet* „sammelt“ sich die Eröffnung des Gottesdienstes und ist damit abgeschlossen.
- Die *Lesungen* (Altes Testament, Evangelium, Epistel) aus der Bibel vergegenwärtigen Gottes Wort in der versammelten Gemeinde. Ihnen folgt
- die *Predigt* mit der Verlesung des Predigttextes und dessen Auslegung.

- Mit dem apostolischen *Glaubensbekenntnis* antwortet die Gemeinde (wenn dies nicht schon nach der Schriftlesung erfolgt ist).
- Wird das *Abendmahl* gefeiert, so gehören dazu die Einsetzungsworte und die Austeilung von Brot und Wein an die Gemeinde.
- Mit dem *Fürbittengebet*, dem Gebet der Gemeinde für Andere
- und dem *Segen* Gottes wird die Gemeinde in die folgende neue Woche entlassen.

4.6. Zahl der Sakramente

In der evangelischen Kirche gelten traditionell diejenigen kirchlichen Handlungen als Sakramente, die durch die Bibel ausdrücklich geboten sind. Dies gilt für das *Abendmahl* (geboten durch die Einsetzungsworte, 1. Kor. 11,23-25) und die *Taufe* (geboten durch den Taufbefehl, Mt. 28,18-20). Luther konnte aber zeitweilig auch z. B. die Buße und die Ordination als Sakrament betrachten. Ihm kam es nicht auf die Zahl zwei sondern auf den biblischen Bezug an. Die römisch-katholische Kirche kennt sieben Sakramente: Taufe, Firmung, Eucharistie, Ehe, Beichte, Priesterweihe, Krankensalbung. Diese haben ebenfalls Anhalt an der Schrift, sind aber vor allem in der kirchlichen Tradition verankert.

4.7. Glaube und Sakrament

Durch die Elemente und Gaben der Schöpfung (Wasser, Brot, Wein) lässt Gott sich erfahren, indem das sinnliche Zeichen mit dem verkündigenden Wort verbunden wird. Entscheidend für die Gottesbeziehung ist nach evangelischer Auffassung die Verbindung von Wort und Glaube. Die Sakramente sind zwar durch die Schrift geboten, sie stellen aber keine zu erfüllende Pflichtleistung dar, von deren Erfüllung oder Nichterfüllung die Stellung zu Gott abhinge. Die Sakramente geben dem Glauben Ausdruck und Stärkung, aber ohne Glaube und Liebe sind sie nichts. Paulus mahnt dementsprechend, niemand solle „unwürdig“ am Abendmahl teilnehmen. (Damit spielt er auf Missstände bei der Abendmahlsfeier in Korinth an, wo die einen schon satt oder gar betrunken waren, während die anderen hungrig von der Arbeit kamen und nichts mehr vorfanden.)

4.8. Biblische Grundlagen der Taufe

Jesus wurde von Johannes dem Täufer im Sinne einer Bußtaufe zur Lebensänderung getauft. Nach seiner Taufe erschien der Heilige Geist wie eine Taube vom Himmel. Dabei war die Stimme Gottes zu hören: *„Dies ist mein lieber Sohn“*. So begann die öffentliche Wirksamkeit Jesu. Jesus selbst hat nicht getauft, aber nach seiner Kreuzigung und Auferstehung begannen die Gemeinden, Menschen auf den Namen Jesu zu taufen, die dadurch der Gottesherrschaft unterstellt und der Gemeinde hinzugefügt wurden. Paulus erklärt die Taufe als ein Sterben mit Jesus durch das Untertauchen und als Auferstehen mit Christus zu einem neuen Leben. An anderer Stelle wird auch vom „Anziehen eines neuen Menschen“, symbolisiert durch weiße Taufkleider, gesprochen. Im Taufbefehl schließlich spiegelt sich die Taufpraxis der Gemeinde wider (Missionspredigt, Taufe, Unterweisung, Vertrauen auf die Gegenwart Jesu bis zum Ende der Zeit).

4.9. Biblische Grundlagen des Abendmahls

Gemeinsames Essen und Trinken durchzieht die ganze Bibel wie ein roter Faden. Abraham empfängt gastfreundlich drei Männer vor seinem Zelt und beherbergt damit – ohne es zu wissen – Engel, die ihm noch in hohem Alter Nachwuchs verheißen. Der 23. Psalm spricht vom Bleiben im Hause des Herrn, der dem Gast großzügig Wein einschenkt. Jesus isst und trinkt mit Sündern und erscheint schließlich auch als der Auferstandene zur Mahlgemeinschaft mit den um ihn trauernden Jüngern. Diese erkennen ihn jetzt als den, der er in Wahrheit ist (Emmauserzählung). Jesus ist als der Auferstandene zugleich Geber und Gabe, der in seiner Gemeinde gegenwärtig ist und an ihr handelt.

4.10. Taufe und Abendmahl

Taufe und Abendmahl erinnern an Zeichenhandlungen der großen Propheten Israels: „So wie ich jetzt dieses tue, wird Gott an dir handeln…“ Während aber bei den Propheten eine Zeichenhandlung i. d. R. göttliche Strafen ankündigte, wendet Gott mit den Zeichen des Sakraments denen, die es empfangen, seine Barmherzigkeit zu. Das Wort, das von Zeichen begleitet ist, wirkt, obwohl es nur das Wort des jeweils sprechenden Menschen ist. Es wirkt durch den heiligen Geist äußerlich als Gottes Wort, das mit dem Ohr gehört wird, und innerlich, indem es im Herzen geglaubt wird. Zeichen, Wort und Geist wirken so zusammen. Durch die Taufe (nicht durch die Zahlung von Kirchensteuern!) wird die Mitgliedschaft in der Kirche begründet, sie hat also auch eine rechtliche Bedeutung; denn an der Taufe hängen dann auch die Rechte und Pflichten der Kirchenmitgliedschaft. Sie symbolisiert die Berufung der Christen zu einem neuen Leben. Das Abendmahl ist ein Erinnerungsmahl und ein Gemeinschaftsmal. Es erinnert an das letzte Mahl Jesu vor seiner Kreuzigung und erneuert die Gemeinschaft mit Jesus, dem Auferstandenen, in der versammelten Gemeinde.

Lesen Sie:

Das Leben als Gottesdienst: Römer 12, 1-2.
Der Taufbefehl: Matthäus 28, 18-20.
(Den sollten Sie auswendig können.)
Die Einsetzung des Abendmahls: 1. Korinther 11, 23-26.
(Das sollten Sie auch auswendig können.)
Beispiel für eine Zeichenhandlung: 1. Könige 11, 29-31.
Die Berufung zu einem neuen Leben in der Taufe: Römer 6,3-4.
Die Erneuerung der Gemeinschaft beim Mahl: Lukas 24,13-35.

5. Die Gemeinde

Die Arbeit der Kirchengemeinden, der Kirchenkreise, der Landeskirchen und der verschieden kirchlichen Einrichtungen werden durch ehrenamtlich und beruflich tätige Mitarbeitende in geringfügiger Beschäftigung, teilhauptamtlich oder vollberuflich getragen. In theologischer Hinsicht sind alle Glieder der Kirche durch die Taufe zur Mitarbeit berufen. „Mitarbeit" kann dabei eng gefasst werden und die „Arbeit" betonen, sie kann aber auch weit gefasst werden unter Betonung des „Mit-". Dann zählt jede Form der Zustimmung oder Unterstützung als aktive Mitwirkung am kirchlichen Auftrag.

5.1. Priestertum aller Gläubigen

Der Priester gehört im Alten Testament neben dem König und dem Propheten zu den großen, typischen biblischen Figuren. Sein Dienst wird durch besondere Kultgesetze geregelt. Er leitet den Opfergottesdienst, entscheidet über „rein" und „unrein" und stellt durch seine vermittelnde Stellung die Verbindung und Versöhnung zwischen Gott und seinem Volk her. Im Hebräerbrief des Neuen Testaments wird Christus als der wahre Hohepriester dargestellt, der durch sein Selbstopfer ein für alle Mal den Zugang zu Gott hergestellt hat. Auf den 1. Petrusbrief geht die Vorstellung des Priestertums aller Gläubigen zurück: Alle Christen haben aufgrund Ihrer Taufe am priesterlichen Dienst teil und bringen sich mit ihren Begabungen ein. Luther konnte formulieren: *„Was aus der Taufe gekrochen ist, das mag sich rühmen, dass es schon Priester, Bischof und Papst geweiht sei, obwohl es nicht jedem ziemt, dieses Amt auch auszuüben."*

5.2. Ämter und Dienste

Wer arbeitet in den Gemeinden, Einrichtungen und Diensten der Kirche mit? Eine prominente Rolle nehmen die Pfarrerinnen und Pfarrer ein. Daneben finden sich Kirchenmusiker, Diakoninnen und Gemeindepädagogen, Prädikantinnen, Küster, Verwaltungsmitarbeiterinnen und viele andere. Grundsätzlich können alle diese Ämter und Dienste sowohl ehrenamtlich wie auch in Form beruflicher Arbeit wahrgenommen werden. Den Pfarrdienst als den Dienst der Wortverkündigung und Sakramentsverwaltung, der Seelsorge und Leitung hat die Kirche allerdings mit den stärksten ihr zur Verfügung stehenden Mitteln abgesichert, um ihre Kernvollzüge unabhängig zu halten und zu sichern: Das Pfarrdienstrecht ist ein dem Beamtenrecht ähnliches eigenes, besonderes kirchliches Recht. Die Kirche regelt ihre eigenen Angelegenheiten selbstständig. Die Zusammenarbeit der Ämter und Dienste in der Kirche ist dafür ein besonders wichtiger Bereich.

5.3. Gleichheit

Vor Gott und im Glauben sind alle Christen gleich, da spielen Geschlecht, Stand und Herkunft keine Rolle. Sie sind alle eins in Christus durch die Taufe. Paulus spricht im Galaterbrief davon, dass z. B. Geschlecht oder ethnische Zugehörigkeit „in Christus" keine Bedeutung haben. Es gibt keinen Wesensunterschied zwischen Priestern und Laien, Menschen in Leitungsämtern wie Bischof, Präses, Superintendentin, Pfarrer, Presbyterin und anderen Gemeindegliedern, welche Aufgaben sie auch immer wahrnehmen. Alle Getauften sind, wie Luther formulierte, geistlichen Standes. Die sogenannten „Geistlichen" bilden keinen eigenen Stand in der Kirche, sie üben nur einen gemeinsamen Dienst aus. Auch vermeintlich rein weltliche Aufgaben außerhalb der Kirche sind Teil des Gottesdienstes von Christen im Alltag der Welt. Umgekehrt sind auch vermeintlich rein sachliche Tätigkeiten (z. B. Verwaltung) geistlich, sofern sie im Glauben als Dienst am Nächsten geschehen.

5.4. Verschiedenheit

Da Menschen unterschiedliche Gaben, unterschiedliche Aufgaben und unterschiedliche Arten von Verantwortung haben, ergeben sich daraus auch Unterschiede in persönlicher, sozialer und materieller Hinsicht. Die einen haben einen größeren, die anderen haben einen kleineren Wirkungskreis, die einen haben ein höheres, die anderen ein geringeres öffentliches Ansehen, die einen sind bezüglich ihres Einkommens und Vermögens besser, die anderen schlechter gestellt. Dies widerspricht grundsätzlich der Gleichheit im Glauben nicht, solange die Unterschiede oder die Gleichheit die Vielfalt und die Gemeinsamkeit der Christen nicht verdunkelt: Weder egalitäre noch elitäre Ideologien sollen das Leben der Gemeinde bestimmen. Es gilt die Vielfalt des einen gemeinsamen Dienstes aus Glauben in der Gemeinschaft der Christen.

5.5. Biblische Bezüge

In den ersten Gemeinden lassen sich schon unterschiedliche *Aufgabenverteilungen* beobachten, so werden etwa Apostel, Propheten und Lehrer genannt oder auch Presbyter, Bischöfe und Diakone. Den Briefen des Paulus lässt sich entnehmen, dass er Mitarbeiterinnen und Mitarbeiter hatte, die ihn bei seinen Missionsreisen unterstützten. Auch aus der *natürlichen Stellung* von Gemeindemitgliedern etwa als Jungfrau oder als Witwe oder als Familienvater konnten sich Aufgaben für die Gemeinde ergeben (Gebet, Hilfeleistungen, Verkündigung und Erziehung). Allerdings gab es lange keine feste Ämterordnung. Für die Zusammenarbeit in der Kirche werden *Bilder* geprägt wie etwa das vom Leib und den vielen Glieder im Römerbrief und im 1. Korintherbrief.

5.6. Grundvollzüge

Die Verschiedenheit der Ämter und Dienste ergibt sich aus dem einen *Auftrag* der Kirche und aus den unterschiedlichen *Aufgaben*, die daraus erwachsen. Man hat in der Alten Kirche von vier Grundvollzügen der Kirche gesprochen: *„Martyria"* (das Zeugnis des Glaubens), *„Leiturgia"* (die Leitung und Gestaltung des Gottesdienstes), *„Diakonia"* (der Dienst der Nächstenliebe in Diakonie und Seelsorge) und *„Koinonia"* (der Gemeinschaft).

5.7. Dienstgemeinschaft

Die Kirchen haben in Deutschland aufgrund ihres grundgesetzlich garantierten Selbstbestimmungsrechts die Möglichkeit, ihrem Taufverständnis vom Priestertum aller Gläubigen auch durch die Form der Arbeitsrechtsgestaltung Ausdruck zu verleihen. Die theologische Pointe beim Verständnis des Zusammenwirkens der Ämter und Dienste in der Kirche als Dienstgemeinschaft besteht darin, dass die Bedingungen der Zusammenarbeit durch gemeinsame Beratungen und Verständigung und nicht durch Arbeitskämpfe und Tarifverträge auf der einen Seite (Zweiter Weg) oder durch Gesetzgebung (Erster Weg) auf der anderen Seite gefunden werden (sog. Dritter Weg). Diese Lösung ist beides zugleich: rechtlich und faktisch anerkannt sowie stets umstritten und in Frage gestellt.

5.8. Gemeinde und Kirche

Der Begriff „Gemeinde" ist mehrdeutig, er kann z. B. die Ortsgemeinde, die Gottesdienstgemeinde, den Pfarrbezirk, die Kirchengemeinde oder die Gemeinde der besonders Engagierten, Frommen, Entschiedenen bezeichnen und davon beispielsweise den Kirchenkreis oder die Landeskirche oder die EKD abgrenzen. Tatsächlich macht es auch einen Unterschied, ob bestimmte Ämter und Dienste in einem bestimmten Bereich oder auf einer bestimmten Ebene wahrgenommen werden. (Verwaltungsmitarbeit im Landeskirchenamt ist anders als in einem Gemeindebüro, die Leitung einer kirchlichen Schule anders als Religionsunterricht vor Ort, das Amt der Präses anders als das einer Krankenhauspfarrerin.) In theologischer Hinsicht bedeuten jedoch Gemeinde und Kirche dasselbe.

5.9. Juristen und Verwaltungsmitarbeitende

Mitarbeitende in der kirchlichen Verwaltung haben eine besondere Verantwortung. Sie geben der Eigenständigkeit und Freiheit der Kirche, ihre Angelegenheit selbst nach Maßgabe ihres Bekenntnisses zu ordnen, konkrete Gestalt. Gäbe es lediglich eine Staatskirche, so bräuchte es keine Kirchenjuristen und kirchliche Verwaltungsmitarbeitende. Käme es ausschließlich auf das freiwillige Engagement der Gemeindeglieder an, so bräuchte es keine eigenen Anstellungsverhältnisse bis hin zu beamtenrechtlichen Positionen. Sofern aber die Kirche dauerhaft und verlässlich ihren Auftrag öffentlich erfüllen will und soll, entspricht diesem Auftrag auch die Ausgestaltung einer eigenständigen kirchlichen Verwaltung.

5.10. Theologische Bedeutung

Die Ordnung der Kirche und ihre administrativen Vollzüge sind freier Ausdruck des kirchlichen Bekenntnisses. Dazu bedarf es eines entsprechenden Verständnisses und einer Ausgestaltung, die von der Bedeutung kirchlicher Ordnung und Verwaltung geprägt ist. Sie müssen von ideologischen Prinzipien freigehalten werden und dürfen sich nicht einer einseitigen Logik fügen, etwa einem autoritären Führerprinzip oder dem Prinzip von Angebot und Nachfrage oder dem Prinzip einer vermeintlich allein richtigen moralischen oder politischen Wahrheit (Schlagworte: Rassismus, Nationalismus, Sexismus...) Bleibender Bezugspunkt für die Auseinandersetzungen um die Freiheit und das Bekenntnis der Kirche in ihrer Leitung und Verwaltung ist die Barmer Theologische Erklärung.

Lesen Sie:

EG S. 1379: Barmer Theologische Erklärung, These 4.
Ein Leib und viele Glieder: Römer 12,3-8; 1. Kor. 12,4-30.
Priestertum aller Gläubigen: 1. Petrus 2,9.

6. Die Kirche

Es gibt die Kirche, und es gibt die Kirchen. Kirche im allgemeinen Sinn meint die Gesamtheit der Gläubigen im geglaubten und im empirischen Verständnis. Kirche im besonderen Sinn bezeichnet die konkreten Kirchen, wie sie sich im tatsächlichen Leben zeigen. Gleichzeitig gilt: In der Vielzahl der Kirchen zeigt sich auch immer die eine geglaubte Kirche, mal mehr, mal weniger erkennbar und überzeugend. Zu unterscheiden ist zwischen den *Wesen*smerkmalen und den *Erkennung*smerkmalen der Kirche. Ihr *Wesen* hat die Kirche darin, dass sie als die *eine, heilige, katholische (= allgemeine, christliche) und apostolische Kirche* geglaubt wird. *Erkennen* kann man die Kirche daran, dass in ihr das *Evangelium* verkündigt und die *Sakramente* verwaltet werden (und das Evangelium in der Lebensführung *Gehorsam* findet). Diese Erkenntnis setzt das Vertrauen in die Verheißung voraus, dass Gott da, wo Menschen seine Botschaft verkündigen, auch sein und wirken will.

6.1. Allgemeiner Sprachgebrauch

Wer das Wort „Kirche“ benutzt, beschreibt damit entweder das *Gebäude* („Wir gehen in die Kirche.“) oder den *Gottesdienst* („Wir treffen uns nach der Kirche.“) oder die *Institution* („Meine Eltern sind beide in der Kirche.“) Außerdem kann damit auch ein *Werturteil* gemeint sein. („So stelle ich mir Kirche vor.“ – Oder: „Das ist aber jetzt Kirche zum Abgewöhnen.“) Mit dem Wort „Kirche“ ist in der Regel auch ein *Bild* verbunden: Das Gebäude mit dem Turm und dem Kirchenschiff. Es steht als *Symbol* für die Kirche mit ihrem Gebäude, ihrem Gottesdienst und ihrer Institution, die ihren Auftrag verkörpert – sichtbar an jedem Ortseingang auf einem entsprechenden farbigen Schild (evangelisch: violett / römisch-katholisch: gelb).

6.2. Theologischer Sprachgebrauch

In theologischer Hinsicht ist das Wort Kirche doppeldeutig: Menschen sind Mitglieder der Kirche an einem bestimmten Ort (*Gemeindemitglieder*) und sie sind Glieder am Leibe Christi (*Gemeindeglieder*). Das Wort „Kirche“ stammt von dem griechischen Wort „kyriakos“ ab (kyrios = der Herr / kyriakos = *zum Herrn gehörig*), vgl. engl.: „church“. Für die sichtbare Versammlung von Christen, Bürgerversammlungen in einer Vielzahl von Städten oder Gemeinwesen ähnlich, wird in der Bibel das Wort „ekklesia“ (*Versammlung*) gebraucht, so dass es eine Ekklesia in Bielefeld und Düsseldorf und Detmold, Jerusalem, Antiochia und Rom gibt, vgl. frz.: „église“. Beide Sichtweisen gehören zusammen: Die sichtbare Versammlung leibhaftiger Menschen und eine verborgene, nur Gott offenbare Vielzahl von Menschen, die wahrhaftig zum Herrn gehören.

6.3. Biblischer Befund

Da nur im Neuen Testament das Evangelium von Jesus Christus bezeugt wird, finden sich auch ausschließlich dort Aussagen über die Kirche. Das Gleichnis vom Unkraut unter dem Weizen im Matthäusevangelium handelt von der *sichtbaren, empirischen Kirche*, das Bild des Johannesevangeliums von der Herde der Schafe, die die Stimme ihres Hirten kennen und auf ihn hören, handelt von der *verborgenen, unsichtbaren oder geglaubten Kirche*. Weitere Bilder von der Kirche sind die von dem Leib mit vielen Gliedern im Römer- und Korintherbrief oder von dem Leib, der auf sein Haupt, Christus, zuwächst, im Epheserbrief, oder von dem Haus aus lebendigen Steinen im 1. Petrusbrief.

6.4. Heiliger Geist

Die Glaubensbekenntnisse der Kirche, wie das Apostolikum, treffen grundsätzliche Aussagen über die Kirche. *„Ich glaube an den heiligen Geist, die heilige, christliche Kirche, Gemeinschaft* *der Heiligen, Vergebung der Sünden, Auferstehung der Toten und das ewige Leben."* Hier ist ausgesagt, dass Glaube, Heiliger Geist, Vergebung, Kirche und das Leben in Gott untrennbar zusammengehören. Der Heilige Geist *verbindet* Gott durch das Wort in Liebe mit den Menschen, im Glauben *erkennen* Menschen Gottes Wort als Heilsbotschaft, und im glaubenden Erkennen durch den Heiligen Geistes *entsteht* die Kirche als die Gemeinschaft der Heiligen, die nach dem Maß, das ihnen gegeben ist, *glauben* und *lieben* und auf Gottes Zukunft *hoffen*.

6.5. Wesen der Kirche

Im Nicänischen Glaubensbekenntnis finden sich die *vier Wesensaussagen* über die Kirche: *„Ich glaube an die eine, heilige, katholische, apostolische Kirche."* (Das Wort „katholisch" bedeutet „allgemein" und wird in heutiger, ökumenischer Fassung mit „christlich" wiedergegeben.) Die Kirche hat also in ihrem Wesen vier Eigenschaften: Sie ist *„eine"*, auch wenn sie vielfältig zersplittert und geteilt erscheint, sie ist *„heilig"*, obwohl sie immer wieder sehr unheilig auftritt, sie ist *„katholisch"*, also allumfassend, obwohl sie im Laufe ihrer Geschichte und kulturellen Überformung immer wieder Menschen wegen ihrer Herkunft oder ihrer Zugehörigkeit ausgeschlossen hat, und sie ist *„apostolisch"*, gründet also auf dem Zeugnis der Auferstehungszeugen, obwohl immer wieder andere Ideologien und Ansprüche ihre Botschaft verdunkeln und verfälschen.

6.6. Martin Luther

Martin Luther (geboren 1483, gestorben 1546, beides in Eisleben) ist die zentrale Gestalt der Reformation, auf die sich die evangelischen Kirchen zurückführen. Luther arbeitete auf das engste mit seinem Freund und Kollegen in Wittenberg, *Philipp Melanchthon*, zusammen. Sein Kirchenverständnis formte sich in der Auseinandersetzung mit der römisch-katholischen Kirche seiner Zeit, später aber auch mit den Täufern wie dem Anführer der aufständischen Bauern *Thomas Müntzer* und mit dem Humanisten *Erasmus von Rotterdam*.

6.6.1. „Altgläubige"

Von den *„Altgläubigen"* der römisch-katholischen Kirche unterschied Luther die Überzeugung, dass die Kirche nicht von einer einzigen Person, dem Papst, nach vermeintlich göttlichem Recht hierarchisch regiert wird. Vielmehr wird die Kirche durch das Wort geleitet, das in der Gemeinde gehört wird, die sich – in Gemeinschaft mit den anderen – selbst leitet.

6.6.2. „Schwärmer"

Von den *„Schwärmern"* wie Thomas Müntzer grenzte er sich ab, weil der evangelische Glaube kein Besitz auserwählter Menschen ist, die glauben, Gottes Willen unmittelbar aus dem Geist zu kennen, sondern immer neu aus dem Hören auf das von Menschen verkündigte Wort Gottes entsteht. Es lässt sich nicht von charismatischen Führern unmittelbar in politische Strategien umsetzen, weder reaktionäre, noch liberale noch revolutionäre. Auch der gläubige Mensch bleibt Sünder, irrt sich und bedarf an jedem Tag neu der Vergebung.

6.6.3. Erasmus von Rotterdam

Schließlich distanzierte sich Luther auch von denjenigen Humanisten, die wie Erasmus von Rotterdam, verbindliche Glaubensaussagen scheuten und ihre religiöse Haltung und ihr praktisches Verhalten den Rücksichten vermeintlich friedensdienlicher und moralischer *Konventionen, Kompromisse und Anpassungen*, also taktischen politischen Zielen unterordneten.

6.7. Johannes Calvin

Johannes Calvin (geboren 1509 in Noyan in Frankreich, gestorben 1564 in Genf in der Schweiz) war der Reformator der Stadt

Genf. (Zur Schweizer Reformation zählt auch Huldreych Zwingli, der Reformator Zürichs.) Zeit seines Lebens schätzte Calvin Martin Luther und seine Theologie, allerdings unterschied er sich von ihm im Abendmahls- und Gesetzesverständnis.

6.7.1. Heiligung

Luther ging es um die *Rechtfertigung* des Sünders allein durch *Christus*, allein durch *Gnade*, allein durch den *Glauben* und allein durch die *Schrift*. Calvin ging es um die *Heiligung* der christlichen Lebensführung im Gehorsam gegenüber dem göttlichen *Gesetz* aus Dankbarkeit für die erfahrene gnädige Rechtfertigung durch Gott.

6.7.2. Zucht

Luther ging es um die *Freiheit* der Gemeinde von frommen Werken, unnötigen Gelübden und angemaßten kirchlichen Vorschriften etwa zu Fasten, Wallfahrten, Heiligenverehrung und kostenpflichtigen Ablassen. Calvin legte den Ton ebenso auf verbindliche *Lebensführung*, eine klare *kirchliche Ordnung* und *strenge Gemeindezucht*, um die vielfach verfolgten Gemeinden in der Gemeinschaft stark, im Lebenswandel unanfechtbar und in der Anfechtung unbeugsam zu erziehen.

6.7.3. Abendmahl

Beim Abendmahl ist Christus wirklich anwesend. (Realpräsenz) Darin sind sich die christlichen Kirchen einig. Aber wie soll man sich diese Anwesenheit Christi beim Abendmahl vorstellen?

- Nach römischer Auffassung *verwandeln* sich beim Aussprechen der Einsetzungsworte durch den geweihten Priester die Elemente, Brot und Wein, substantiell in den Leib Christi („*Trans*substantiation“), weshalb die Hostie im Tabernakel (lat.: Hütte, Zelt) aufzubewahren und zu verehren ist.

- Luther war davon überzeugt, dass Christus bei der Feier des Abendmahls aufgrund seiner Verheißung durch sein Wort *„Das ist mein Leib / das ist mein Blut“* - *„in, mit und unter“* Brot und Wein *leibhaftig* gegenwärtig ist: („*Kon*substantiation“).
- Calvin lehrte die *geistliche Gegenwart Christi* in der durch den heiligen Geist geschaffenen und geheiligten Gemeinschaft der Gemeinde. Er lehnte Luthers Vorstellung ab, Christus könne gleichzeitig leibhaftig im Himmel (bei Gott) und auf Erden (bei den Elementen) sein.
- Für Zwingli schließlich war das Abendmahl eine Zeichenhandlung. „Das *bedeutet* mein Leib.“ Hier lässt sich von *symbolisch erinnerter* Gegenwart Christi sprechen.

Das heißt: Bei der römisch-katholischen Auffassung liegt die Betonung auf dem Handeln der Kirche, bei der lutherischen auf der Gegenwart Christi, bei der calvinischen auf dem Wirken des heiligen Geistes und bei Zwingli auf dem erinnernden Glauben der Gemeinde.

6.8. Confessio Augustana

Im Augsburger Bekenntnis (Confessio Augustana, CA), das die Evangelischen zum Augsburger Reichstag 1530 vorlegten, spiegelt sich das lutherische Kirchenverständnis gebündelt wieder: Die Einheit der Kirche ist eine Einigkeit des Glaubens, der in der Liebe tätig ist. Ob die wahre Kirche da ist, *erkennen* Christen daran, dass das *Evangelium* richtig gepredigt und die *Sakramente* treu verwaltet werden. Zur *Einheit* der Kirchen genügt, dass das Evangelium richtig gepredigt und die Sakramente einsetzungsgemäß verwaltet werden; einheitliche Zeremonien und Ordnungen sind nicht notwendig.

6.9. Barmer Theologische Erklärung

In die Barmer Theologische Erklärung von 1934 ist das Kirchenverständnis von Lutheranern, Reformierten und Unierten eingeflossen. Sie beschreibt die Kirche als eine Gemeinde von Brüdern, in der Jesus Christus in Wort und Sakrament durch den Heiligen Geist als der Herr gegenwärtig handelt. Mit ihrem Glauben wie mit ihrem Gehorsam, mit ihrer Botschaft wie mit ihrer Ordnung bezeugt sie als eine *bekennende Kirche*, dass sie allein Christi Eigentum ist und allein aus seinem Trost und in Erwartung seiner Weisung lebt. (These III). Dieses Bild von der Kirche steht in Spannung zur Realität der Volkskirche, die es ihren Mitgliedern selbst überlässt, wie sie ihre Mitgliedschaft leben. Zur Mitgliedschaft genügt es, getauft zu sein. Nur ein kleiner Teil der Mitglieder besucht den Gottesdienst und macht sich die kirchliche Lehre zu Eigen. Während eine bekennende Kirche den Ton auf die „Heiligung“ legt, belässt es die Volkskirche dabei, dass Gottes Wort allen Menschen gilt und es allein Gottes, nicht Sache der Kirche ist, darüber zu befinden, wie die Kirchenmitgliedschaft „richtig“ zu leben ist.

6.10. Kirchenreform

Die evangelische Kirche ist immer Kirche in ihrer Zeit. Mit Martin Luther und den anderen Reformatoren wird immer kritisch zu fragen sein, ob nicht aus dem Hören des Wortes Gottes die Umkehr von Fehlentwicklungen und die Zuwendung zu neuer Freiheit und neuem Gehorsam erfolgen kann und soll. Sobald die Frage nach dem heute richtigen Glauben und Leben gestellt ist, sind Konflikte unvermeidlich. Mut zum Konflikt und Fähigkeit zu neuem Konsens, Hören auf Gott und Bleiben in der gegenseitigen geschwisterlichen Verbundenheit, Bekenntnis zu Gott und Verantwortung in Freiheit bei der Gestaltung der Lebensverhältnisse bilden die Grundspannungen, in denen sich die Kirchen als Gemeinde Jesu Christi zu bewähren haben. Kirchenreformen stehen immer in der Gefahr, lediglich Anpassung an äußere Umständen oder reinen Zweckmäßigkeits- und Finanzüberlegungen verpflichtet zu sein. Diese – als lebensweltliche Realität ernst zu nehmenden und verantwortlich zu gestaltenden Umstände – sind immer wieder kritisch in Beziehung zu setzen und zu überprüfen durch die Ermutigungen und Anstöße, die sich aus dem Hören auf die Schrift ergeben.

Lesen Sie:

EG S. 1309, Apostolisches Glaubensbekenntnis.
EG S. 1378-79, Barmer Theologische Erklärung, These 3.
Kirche als Gemeinschaft mit Christus aufgrund der Taufe:
Galater 3, 26-29.
Kirche als Bau auf der Grundlage der Osterbotschaft:
Epheser 2, 19-22.
Kirche als Gemeinschaft von Hirt und Herde:
Johannes 10, 11-15.

7. Das Evangelische Gesangbuch

Neben der Bibel bestimmt das Gesangbuch den evangelischen Gottesdienst in entscheidender Weise. Ist die Bibel die den Glauben begründende Urkunde, so kann man das Gesangbuch als (wenn auch keineswegs vollständige) Dokumentation evangelischer Frömmigkeit oder evangelischer Spiritualität bezeichnen. Glaube ohne Frömmigkeit ist gestaltlos. Frömmigkeit gibt dem biblisch begründeten Glauben eine Gestalt, die der jeweiligen Zeit und dem jeweiligen Ort entspricht, an dem die Gläubigen leben.

7.1. Aufbau

Am Aufbau des Gesangbuchs lässt sich erkennen, dass dieses Buch nicht nur ein Gesangbuch ist, sondern auch ein Gottesdienstbuch, ein Gebetbuch, eine Dokumentation evangelischer Glaubensgeschichte, ein Arbeitsbuch und ein Nachschlagewerk. Dementsprechend ist es zunächst in zwei große Teile gegliedert:

- „Lieder und Gesänge“
- „Psalmen, Gottesdienst, Bekenntnisse, Gebete, Kirchenjahr, Beigaben“

Der Teil mit Liedern und Gesängen ist seinerseits in zwei große Blöcke aufgeteilt:

- Der erste Teil gilt in der gesamten EKD,
- der zweite für den Bereich, für den die jeweilige Ausgabe herausgegeben worden ist.

Die Ausgabe für die EKiR, die EKvW und die Lippische Landeskirche wurde in Gemeinschaft mit der Evangelisch-reformierten Kirche in Bayern und Nordwestdeutschland herausgegeben und ist auch in den evangelischen Kirchen im Großherzogtum Luxemburg in Gebrauch.

7.2. Liturgischer Kalender

Ein wichtiges Hilfsmittel für die Gottesdienstvorbereitung ist der Liturgische Kalender. Er ist nach dem Kirchenjahr aufgebaut und enthält den jeweiligen Wochenspruch für die Sonn- und kirchlichen Feiertage, das Wochenlied, die Lesungen (Evangelium und Epistel) sowie die Predigttexte. Außerdem sind die liturgischen Farben für die Kanzel- und Altarantependien angegeben.

7.3. Geschichte, Dichter(innen), Komponist(inn)en

Das Gesangbuch bietet nicht nur die Lieder (mit Text und Noten, manchmal auch mit einem mehrstimmigen Satz und Angaben für die Vortragsweise) sondern auch einige Hintergrundinformationen zur Liedgeschichte und zu den Personen, denen wir die Texte und Lieder verdanken. Aus der Reformationszeit ist *Martin Luther* zu nennen, aus der Zeit des Dreißigjährigen Krieges *Paul Gerhardt*, für den rheinischen reformierten Pietismus ist *Matthias Jorissen* wichtig, für die Mystik *Gerhard Tersteegen*, für die westfälische Erweckungsfrömmigkeit *Friedrich von Bodelschwingh*, für die biblisch-schlichte Volksfrömmigkeit bis heute *Matthias Claudius*, für das Neue Geistliche Lied der 2017 verstorbene *Martin Gotthard Schneider* („Danke").

7.4. Johann Sebastian Bach

Johann Sebastian Bach (geboren 1685 in Eisenach, gestorben 1750 in Leipzig) gilt bis heute als einer der größten Komponisten überhaupt. Er war tiefgläubiger evangelisch-lutherischer Christ und komponierte Orgelwerke, Kantaten, Messen, Oratorien und Passionen *„zu Gottes Ehre und Recreation des Gemüts"*. Er verband also Frömmigkeit und Unterhaltung miteinander. Das Weihnachtsoratorium und die Matthäuspassion gehören Jahr für Jahr zum Standardprogramm jeder Kirchenmusik.

7.5. Paul Gerhardt

Paul Gerhardt (geboren 1607 in Gräfenhainichen in Sachsen, gestorben 1676 in Lübben) gilt als der größte evangelische Liederdichter. Er lebte zur Zeit des Dreißigjährigen Krieges (1618-1648) und verband in seinen Gedichten tiefes Gottvertrauen, christliche Heilserfahrung und sprachliche Könnerschaft. Generationen von Kindern sind mit dem Sommerlied „Geh aus mein Herz“ aufgewachsen, kein Karfreitagsgottesdienst ist ohne „O Haupt voll Blut und Wunden“ denkbar, das auch ein typisches evangelisches Beerdigungslied ist („Wenn ich einmal soll scheiden“).

7.6. Nottaufe

Heutzutage kaum von praktischer Bedeutung, aber für das evangelische Glaubens- und Taufverständnis aufschlussreich ist das Formular zur Nottaufe. Jeder Christ kann im Einvernehmen mit dem Täufling oder dessen Erziehungsberechtigten eine Nottaufe durchführen, wenn diese Art des Trostes und der Vergewisserung des Glaubens gewünscht wird. Heute ist nicht mehr der ängstigende Gedanke bestimmend, ein möglicherweise sterbendes Kind könne „in die Hölle kommen“, wenn es nicht getauft ist. Dass aber auch ein sterbendes Kind nicht verlorengeht sondern samt allen denen, die es lieben, in Gott geborgen sein soll, kann durch die Taufe im Glauben sichtbar und spürbar werden.

7.7. Beichte

Im Gottesdienst hat das Sündenbekenntnis (Kyrie) seinen festen Platz. Anders als beim Schuldbekenntnis oder Geständnis in einem Strafverfahren ist das Eingeständnis der Sünde vor Gott nicht mit einer Straferwartung verbunden. Vielmehr wenden sich Christen im Vertrauen an Gott, weil sie der Zusage glauben, dass Gott Schuld vergibt und einen neuen Anfang ermöglicht. Bei der Abendmahlsfeier ist es in einigen Gemeinden nach wie vor üblich, dass die Gemeinde ihre Sünde bekennt und der Pfarrer oder die Pfarrerin ihr daraufhin die Vergebung ihrer Sünden zuspricht. Eine Beichte kann auch als persönliche Einzelbeichte gegenüber einem Seelsorger (er kann, muss aber nicht ordiniert sein) abgelegt werden. Ob öffentlich oder im geschützten Raum: Zur Beichte gehören das Eingeständnis der Schuld (Sündenbekenntnis) und die Zusage der Vergebung durch Gott (Absolution).

7.8. Aussegnung

Vielfach wird die Verdrängung des Sterbens und des Todes aus dem Zusammenleben der Menschen beklagt. Es fehlen oft die Worte und eine Form, zum Beispiel den Abschied von einer verstorbenen Person im Trauerhaus oder im Krankenhaus zu gestalten. Für eine solche Situation bietet das Gesangbuch mit seiner Ordnung für eine Verabschiedungsfeier eine sehr konkrete und praktikable Hilfe an, die jeder Christenmensch aufgreifen kann.

7.9. Andacht

Andachten lassen sich als kleine Form des Gottesdienstes verstehen. Sie folgen einer Grundform mit Eingangswort, Liedern, Psalm, Lesung, Auslegung, Gebet, Vaterunser und Segen. Ihre Gestaltung lässt sich je nach Anlass und Gemeinde anpassen. Sie folgt dem Tageslauf, dem Kirchenjahr oder besonderen Situationen (z. B. Freizeiten oder Tagungen) und kann stärker liturgisch oder auch ganz schlicht gehalten werden.

7.10. Psalmen, Gebete und Bekenntnisse

Psalmen, nicht nur aus dem Alten sondern auch aus dem Neuen Testament, werden oft gemeinsam im Gottesdienst gesprochen, sowohl in der Fassung der Lutherübersetzung wie auch in moderner sprachlicher Fassung als Psalmenübertragung. Gebete finden sich für den Gottesdienst und die Andacht, zu den einzelnen Wochentagen wie auch zu verschiedensten persönlichen Anlässen, in Krisen und besonderen Lebensphasen.

Lesen Sie:
Advent: EG 1 Weihnachten: EG 24 Passionszeit: EG 85 Ostern: EG 99 Himmelfahrt: EG 123 Pfingsten: EG 124 Trinitatis: EG 140

8. Zeiten und Feste des Kirchenjahres

An den Besonderheiten des Kirchenjahres lässt sich heute noch erkennen, wie sehr das Christentum über zwei Jahrtausende hinweg weltweit gewirkt hat. Auf allen christlich geprägten Kontinenten sind die Zeitstruktur und der Festkalender des öffentlichen Lebens durch das Kirchenjahr beeinflusst. Wo die christliche Prägung gefördert oder toleriert wird, tritt sie durch das Kirchenjahr öffentlich in Erscheinung. Wo Christen verfolgt werden, entzündet sich an öffentlichen christlichen Feiern und Festen der Konflikt. Das Kirchenjahr steht für die öffentliche Entfaltung der christlichen Botschaft.

8.1. Sprachgebrauch und Erfahrung

Das Kirchenjahr ist eine öffentliche Größe: Weihnachten und Ostern, die in Sonntag und Werktag gegliederte Woche, kirchliche Feiertage sind fest im allgemeinen Kalender verankert. Das Kirchenjahr prägt den Rhythmus und das Zeitgefühl einer Gesellschaft weithin unbewusst und ist mit Volksbräuchen, kulturellen und musikalischen Veranstaltungen, Liedern, Gedichten und literarischen Texten verknüpft. Im Zuge der gesellschaftlichen Veränderungen sind aber auch Erosionserscheinungen nicht zu leugnen (z. B. die Diskussionen über den verkaufsoffenen Sonntag oder das Tanzverbot am Karfreitag).

8.2. Bedeutung

Die Bedeutung des Kirchenjahres besteht darin, die Vielfalt und Breite des biblischen Glaubenszeugnisses im Alltags- und Festtagsleben der Menschen zu verankern. Die ständige rhythmische Wiederholung von biblischen Texten und deren Ausgestaltung im Gottesdienst, in Erziehung und Unterricht verankert die biblische Botschaft im persönlichen und öffentlichen Leben, bestätigt und festigt sie, verknüpft sie mit biografischen Wendepunkten.

- Geburt und Taufe im Gemeindegottesdienst an Sonntag
- Jugend und Konfirmation in der Osterzeit
- Tod und Gedenken am Ewigkeitssonntag

oder auch mit dem Wechsel der Jahreszeiten

- Weihnachten im Winter
- Ostern im Frühling
- Lebensende im Herbst.

Das Kirchenjahr versteht sich allerdings nicht als Endlosschleife („Alle Jahre wieder"), sondern als immer wieder neues Vergegenwärtigen der Zuwendung Gottes zu den Menschen („All Morgen ist ganz frisch und neu…") Jeder Sonn- und Feiertag im Kirchenjahr hat sein eigenes Gesicht, das sich in Text-, Lied- und Gebetsauswahl zeigt.

8.3. Herkunft

Heute erscheint das Kirchenjahr mit seinen Zeiten Advent, Weihnachten, Epiphanias, Karfreitag, Ostern, Christi Himmelfahrt, Pfingsten und den Sonntagen nach Trinitatis als ein Ganzes. In den Anfängen, also den ersten drei Jahrhunderten, gab es allerdings nur ein Fest: das Gedenken des Leidens, Sterbens und Auferstehens Jesu Christi: *Ostern.* Dieser österliche Sinn macht auch den Kern des „*Herrentag*es", des heutigen *Sonntag*s (der 3. Tag nach dem Tag der Kreuzigung Jesu) aus.

- Ein *öffentlicher Ruhetag* wurde der Sonntag unter Kaiser Konstantin dem Großen durch ein entsprechendes Dekret im Jahr 321.
- Danach wurden langsam und schrittweise die im *Leben, Leiden, Sterben und Auferstehen Jesu* liegenden Einzelaspekte „auseinandergefaltet".

Daraus hat sich in einem langen Prozess das Kirchenjahr entwickelt:

- Es entstanden Feste zur *Geburt Jesu*, zur *Ausgießung des heiligen Geistes* als Entstehung der Kirche, die Vorbereitungszeiten Advents- und Passionszeit.
- Im 10. Jahrhundert wurde als Gedenktag der Verstorbenen *„Allerseelen"* eingeführt. Im evangelischen Kirchenkalender dient der *Totensonntag* oder Ewigkeitssonntag diesem Zweck. Dies geht zurück auf eine Anordnung des Preußischen Königs Friedrich Wilhelm III (1816).
- Das *Trinitatisfest* gibt es erst seit 1334. Es bezieht sich wie auch das Totengedenken nicht auf eine biblische Überlieferung, sondern auf eine kirchliche Lehraussage (Trinität).

8.4. Osterfestkreis

Das Osterfest ist das Fest der *Auferstehung Jesu*; es fällt auf den Sonntag nach dem ersten Vollmond nach Frühlingsanfang. 40 Tage vor Ostern beginnt die Passionszeit. Die Sonntage vor der Passionszeit heißen *Septuagesimae* und *Sexagesimae* (70 und 60 Tage vor Ostern) und *Estomihi*. Die Sonntage der Passionszeit sind *Invokavit, Reminiszere, Okuli, Lätare, Judika*. Der *Palmsonntag* als letzter Sonntag der Passionszeit eröffnet die Karwoche mit *Gründonnerstag* und *Karfreitag*. Auf das Osterfest mit seinen zwei Feiertagen folgen die Sonntage *Quasimodogeniti, Miserikordias Domini* (Sonntag vom Guten Hirten, vgl. Psalm 23), *Jubilate, Kantate, Rogate,* der Feiertag *Christi Himmelfahrt* und schließlich *Exaudi*. Darauf folgt das *Pfingstfest*.

8.5. Weihnachtsfestkreis

Das Kirchenjahr beginnt mit den vier *Advent*sonntagen. Die auf das *Weihnachtsfest* folgenden Sonntage werden als 1. und 2. Sonntag nach Weihnachten gezählt. Es folgt am 6. Januar *Epiphanias* (dt.: „Erscheinung", das Weihnachtsfest der orthodoxen Kirchen) mit den Sonntagen nach Epiphanias bis Septuagesimae. Die heiligen drei Könige stehen im Mittelpunkt dieses Festes, das auch „Dreikönigsfest" genannt wird.

8.6. Trinitatis

Der Sonntag Trinitatis (Dreieinigkeit), der dem Pfingstfest folgt, leitet eine lange Folge von Sonntagen ein, die schließlich dem Ende des Kirchenjahres entgegenführen. Man spricht zwar von der „festlosen Zeit“, gleichwohl hat aber jeder Sonntag seine eigene Bedeutung.

8.7. Festtage

Die Festtage des Kirchenjahres können auf einen bestimmten Tag festgelegt sein wie Weihnachten und das Reformationsfest. Sie können auch beweglich sein, wie Ostern und Pfingsten. Gottesdienste können auch aus Anlass von weltlichen Festtagen und Feiern begangen werden wie zum 1. Mai, zum 3. Oktober aus Anlass von bürgerlichen Festen oder zu besonderen Anlässen wie zum Beginn von Legislaturperioden in Stadt, Land und Bund.

8.8. Inhalte

Der Advent schaut auf die Menschwerdung Gottes in der Geburt des Gottessohnes voraus. Die vier Sonntage handeln von dem Einzug des verheißenen Messias in die Gottesstadt Jerusalem, von der erwarteten Erlösung angesichts des Jüngsten Gerichts, von dem Vorboten Jesu, Johannes dem Täufer, und von der Freude über Gottes Offenbarwerden am Ende der Tage.

Das Fest der Erscheinung Jesu (Epiphanias) erinnert an die Könige aus dem Morgenland, die Vorpassions- und Passionszeit an den Leidensweg Jesu, der Gründonnerstag an die Einsetzung des Abendmahls, der Karfreitag an die Kreuzigung Jesu, das Osterfest an Jesu Auferstehung, das Pfingstfest an die Ausgießung des heiligen Geistes. Das Trinitatisfest ehrt die Dreieinigkeit Gottes als Vater, Sohn und heiligem Geist. Entsprechend der Bedeutung sind den liturgischen Zeiten auch liturgische Farben zugeordnet: weiß für Christusfeste, rot für Feste des heiligen

Geistes und der Kirche, violett für Buß- und Vorbereitungszeiten, grün für die „festlose" Zeit, schwarz (oder keine Farbe) für den Karfreitag.

8.9. Biblischer Bezug

Die biblischen (Evangelien-)Lesungen lassen sich anhand des liturgischen Kalenders (Reihe I) zuordnen. Während einige Festtage des liturgischen Kalenders offensichtlich auf biblische Erzählungen aus den Evangelien zurückgeführt werden können (Ostern / Weihnachten, Epiphanias, Pfingsten) und durch sie begründet sind, beziehen sich andere auf Ereignisse der Kirchengeschichte (Reformation) oder kirchliche Lehren (Trinitatis) oder christliche Personen (Johannes der Täufer). Biblische Texte werden dem Anlass entsprechend zur Gottesdienstgestaltung vorgeschlagen.

8.10. Lieder

Mit dem Kirchenjahr sind bekannte traditionelle Kirchenlieder verknüpft: *„Macht hoch die Tür"* (Advent), *„Vom Himmel hoch"* (Weihnachten), *„Jesus ist kommen"* (Ephiphanias), *„O Haupt voll Blut und Wunden"* (Passion), *„Christ ist erstanden"* (Ostern), *„Nun bitten wir den heilgen Geist"* (Pfingsten), *„Brunn alles Heils, dich ehren wir"* (Trinitatis), *„Ein feste Burg ist unser Gott"* (Reformationsfest) *„Wachet auf, ruft uns die Stimme"* (Ewigkeitssonntag).

Lesen Sie:

Weihnachtsgeschichte: Lukas 2,1-20.
Passionsgeschichte: Markus 14-15.
Ostererzählung: Matthäus 28.
Apostolisches Osterzeugnis: 1. Korinther 15, 1-11.
(Die Verse 3-5 sollten sie, wenn nicht auswendig, so doch gut kennen.)
Pfingstgeschichte: Apostelgeschichte 2

9. Grundzüge der Konfessionskunde (ev./kath.)

Wie ein roter Faden durchzieht die Bibel und die Geschichte des Christentums auch eine Geschichte der Ausdifferenzierung und Unterscheidung unterschiedlicher Christentumsformen. Diese Differenzierung vollzieht sich in der Regel als konflikthafte Trennung und kann auch zu gewalttätigen Auseinandersetzungen führen, wie es bei der Trennung zwischen der römisch-katholischen und den evangelischen Kirchen seit der Reformation und auch schon vorher geschehen ist. Für Trennungen gibt es Gründe. Solange die Gründe fortbestehen, bleibt auch die Trennung. Wenn die Gründe ihr Gewicht verloren haben oder nicht mehr gegeben sind, kann es zu Annäherungen oder sogar zur Wiederherstellung der einst verlorenen Gemeinschaft kommen.

9.1. Trennungen

9.1.1. Von Adam bis Paulus

Bereits die Bibel enthält bekannte Trennungsgeschichten, sei es die Vertreibung aus dem Paradies oder die schiedlich-friedliche Trennung der zerstrittene Brüder Abraham und Lot, die Spaltung des Königtums Israels unter Salomos Sohn Rehabeam oder die Verschleppung eines Teils der Bevölkerung nach Babylon, während der Rest in den Trümmern Jerusalems zurückbleibt. Ein neutestamentliches Beispiel für eine folgenreiche Trennung ist der Streit zwischen Petrus und Paulus über die Tischgemeinschaft zwischen jüdischen und nichtjüdischen Christen. Die Trennung von sogenannten „falschen Brüdern“, die ein „anderes Evangelium“ verkündigen als Paulus es seine Gemeinden gelehrt hatte, zeigt: Das Schisma (Spaltung) und die Häresie (Lehrabweichung) sind ständige Begleiter der Kirche. Schon bei den Trennungen von denen die Bibel berichtet, seien sie aufgezwungen oder selbst vollzogen, durchdringen sich persönliche, kulturelle, politische und religiöse Motive.

9.1.2. Kirchenspaltungen

Wenn auch die Christenheit stets den Glauben an Jesus Christus, den Gottesdienst und das Gebot der Nächstenliebe gemeinsam hatte, so führten doch zugleich die unterschiedlichen Auffassungen, wie dieser Glaube zu leben und zu verstehen sei, fortwährend zu Trennungen und Spaltungen:

- 431 trennte sich nach dem Konzil von Ephesus das Christentum von Assyrien, Ostsyrien, Iran, Irak, China und Indien von der Kirche im römischen Reich.
- Im 5./6. Jahrhundert gingen die koptische (Ägypten), syrische, äthiopische und armenische Kirche eigene Wege.
- 1054 fand die große Trennung zwischen der (westlichen) römisch-katholischen Kirche und den (östlichen) orthodoxen Kirchen statt.
- Mit der Reformation (1517) erfuhr die westliche Kirche ihre große Spaltung in die lutherische und reformierte sowie die römisch-katholische Kirche.
- Die anglikanische Kirche löste sich 1534 von der römisch-katholischen Kirche; aus ihr gingen die Quäker (1560), Baptisten (1640) und Methodisten (1730) hervor.

9.2. Vereinigungen

9.2.1. Von Josef und seinen Brüdern bis zum himmlischen Jerusalem

Wie die Bibel von Spaltungen und Trennungen berichtet, so weiß sie auch von Versöhnungen und Vereinigungen zu erzählen: Josef und seine Brüder finden wieder zusammen, der Flüchtling des 23. Psalms findet ein bleibendes Zuhause im Hause des Herrn, die Verbannten kehren aus dem Exil nach Jerusalem zurück, der verlorene Sohn wird vom Vater wieder aufgenommen, der gekreuzigte Christus wird aus dem Tode auferweckt und bleibt auf ewig durch den Geist mit seiner Gemeinde verbunden, und am

Ende der Tage senkt sich das himmlische Jerusalem auf die Erde, alle Tränen werden getrocknet, der Tod wird nicht mehr sein und Gott selbst wird unter den Menschen wohnen.

9.2.2. Streben nach Einheit

Auch das Streben nach Einheit, ist konfessionell verschieden. So verschieden wie die Vorstellungen von der Einheit der Kirche sind, so verschieden sind auch stets die Versuche, die bedrohte oder verlorene Einheit der Kirche wieder herzustellen. Sie entstammen zum Teil dem biblischen Erbe, zum Teil folgten sie aber auch den Mustern der kulturellen und politischen Umwelt:

- Einheit im *römisch-katholischen* Sinne kann immer nur die sichtbare Einheit der Kirche unter dem Bischof von Rom um die vom geweihten Priester gespendete Eucharistie als Zentrum sein.
- Einheit im *freikirchlich*en, insbesondere im *pfingstlich*en Sinne kann immer nur die Gemeinschaft von persönlich gläubigen Personen im Sinne der als inspiriert und wörtlich verstandenen Schrift sein.
- Einheit im Verständnis der *Reformation* kann immer nur Einheit im Sinne des Wortes Gottes sein, das sich seine Kirche schafft. Als Zeugnis der Schrift wird es durch das der Gemeinde anvertraute Amt verkündigt und in der Gemeinde geglaubt und gelebt.

9.3. Krieg und Frieden

Die verlorene Einheit durch *Gewalt* wieder rückgängig zu machen, kann zu blutigen Religionskriegen führen. Das abschreckendste Beispiel für einen Religionskrieg ist der Dreißigjährige Krieg (1618-1648). Zwar keine Vereinigung und Versöhnung, aber doch eine Befriedung religiöser und kirchlicher Spaltungen durch Trennung der Einflussbereiche kann durch einen Friedensvertrag erreicht werden. Beispiele sind der Augsburger Frieden von 1555, der Westfälische Friede von 1648, mit dem der Dreißigjährige Krieg endete, und auch – als aktuelles Beispiel - das Karfreitagsabkommen von 1998 in Nordirland.

9.4. Unionen

Sei es aufgrund wirtschaftlichen oder politischen Drucks, sei es aufgrund gewachsenen Vertrauens, gemeinsamer Erfahrungen und Erkenntnisse: Durch Vereinigungen kann verlorengegangene oder noch nicht erkannte Gemeinschaft zwischen christlichen Konfessionen (wieder) hergestellt werden.

Beispiele sind die unierten Kirchen in Deutschland. Die preußische Union beruht auf einem Entschluss des preußischen Königs 1817; es gab aber auch Unionen aus eigener Initiative, zum Beispiel die Vereinigte Protestantische Gemeinde in Münster von 1805. (Vgl. Ziffer 2.7) Man kann also Unionen „von oben“ und Unionen „von unten“ voneinander unterscheiden.

Die Unionen können Verwaltungsunionen sein, innerhalb derer lutherische und reformierte Gemeinden fortbestehen, sie können aber auch Konsensus- (Konsens, lat.: Übereinstimmung) oder Bekenntnisunionen sein, in denen alle Gemeinden dasselbe, evangelische, Bekenntnis haben.

9.5. Lehrgespräche

Bereits in der Reformationszeit gab es unter den evangelischen Parteien den Versuch, durch *Lehrgespräche* wieder zusammenzufinden. Beispiel ist das Marburger Religionsgespräch zwischen Luther und Zwingli über die Abendmahlslehre 1529, das jedoch im Zerwürfnis endete.

Nach intensiven Lehrgesprächen unterzeichneten 1973 Vertreter von damals 50, bis 2002 aber schon 98 *evangelischer Kirchen* in Europa, die *Leuenberger Konkordie*. (Vgl. Ziffer 2.9) Sie stellten fest, dass ihre Gemeinsamkeiten groß genug sind, um miteinander

Kirchengemeinschaft zu haben. Sie gewähren einander Kanzel- und Abendmahlsgemeinschaft und erkennen gegenseitig ihre Ordination an. Aus dieser Bewegung hat sich die Gemeinschaft Evangelischer Kirchen in Europa (GEKE) entwickelt.

Lehrgespräche zwischen *Theologen der evangelischen und katholischen Kirche* haben vor allem seit den 80er Jahren des 20. Jahrhunderts zu der Erkenntnis geführt, dass viele gegenseitige Lehrverurteilungen auf Voraussetzungen beruhen, die heute nicht mehr gelten. Kirchentrennende konfessionelle Abgrenzungen sind, so gesehen, daher heute nicht mehr theologisch sondern kirchenpolitisch begründet.

9.6. Ökumenische Bewegung

Schon im ausgehenden Mittelalter erhob sich die Forderung, offene Fragen und Missstände in der Kirche durch ein großes *allgemeines Konzil* (eine Synode) beizulegen. In das Tridentinische Konzil (1545-1563) wurde die evangelische Seite jedoch nicht einbezogen, so dass es die Spaltung nur verschärfte.

Die ökumenische Bewegung, die im 19. Jahrhundert begann, lässt sich als ein moderner konziliarer Prozess beschreiben, der einmal sehr verschiedene Strömungen in einen gemeinsamen Beratungs- und Handlungsprozess zusammenführen sollte, ohne dass dies von vornherein geplant gewesen wäre:

9.6.1. Spiritualität und Gemeinschaft

Weltentsagung oder geistliche Gemeinschaftsbildung sind schon früh eine Möglichkeit gewesen, entweder weltabgewandt (Eremitentum) oder weltzugewandt (ora et labora!) in der Wüste oder in Klöstern zur wahren Einheit der geglaubten Kirche zu finden. Stets haben klösterliche Orden oder auch die Mystik (die „Stillen im Lande“) jenseits kirchlicher Ordnungen in einem Geiste und mit Gott vereint. Erweckungen haben Menschen zu Gemeinschaftsgründungen und gemeinsamen Taten der Barmherzigkeit, der Nächstenliebe und der Mission angetrieben (vgl. Ziffer 10.3.). Der „*Christliche Verein Junger Männer*" (1855) und der „*Christliche Studentenweltbund*" (1895) mit seinem ersten Generalsekretär John Mott zählen zu den Wurzeln der modernen ökumenischen Bewegung.

9.6.2. Mission

Die Missionsreisen des Paulus, aber auch die Gemeindegründungen z. B. durch vertriebene und geflohene Christen aus Palästina haben das Christentum im Römischen Reich verbreitet. Impulse zur ökumenischen Einheit stammten in der Folge der Ausbreitung der Reformation aus der Arbeit der modernen Missionsbewegungen, die im Pietismus ihre Wurzeln haben und sich im Zuge des Kolonialismus weltweit verbreiteten. Zunächst wurden die Fragen des Glaubensbekenntnisses und der Kirchenverfassung in der *Edinburgher Missionskonferenz (1910)* zugunsten der praktischen Anliegen der Mission zurückgestellt. Aus dieser Bewegung entstand der *Internationale Missionsrat*. Einheit entsteht hier in der Praxis der gemeinsamen Mission der Weltevangelisation.

9.6.3. Glaube und Kirchenverfassung

Schon in biblischen Zeiten bedurfte das Leben der Christen in den Gemeinden immer auch einer dem Glauben entsprechenden Ordnung. Diese konnte die Autorität des Apostelamtes geltend machen (Röm. 1), sich in Konfliktregelungsverfahren für Streitfälle mit Einzelpersonen abbilden (Mt. 18) oder sich mit der arbeitsteiligen Verteilung der Güter befassen (Apg. 6).

Bei der Ausblendung theologischer und rechtlicher Fragen konnte es auch in der ökumenischen Bewegung nicht bleiben. Aufgrund des Vorschlags von Bischof *Charles Henry Brent* versammelte sich 1927 in Lausanne die *Weltkonferenz für Glauben und Kirchenverfassung (Faith an Order)*. Diese traf Aussagen zur

Einheit, zum Evangelium als der Botschaft an die Welt, zum Wesen der Kirche und ihrem gemeinsamen Glaubensbekenntnis, zum geistlichen Amt und zu den Sakramenten.

9.6.4. Politische und soziale Entwicklung

Der Prophet Jeremia hatte bereits die Israeliten im Exil in Babylon aufgerufen: „Suchet der Stadt Bestes". Auch Jesus nahm angesichts politischer Fragen kein Blatt vor dem Mund. Er ermahnte seine Jünger zur Loyalität zum Beispiel bei der Zahlung von Steuern (Gebt dem Kaiser, was des Kaisers ist, und Gott, was Gottes ist.) Zugleich nannte er beim Namen, dass die Mächtigen die Völker unterdrückten und forderte von den Seinen: So soll es bei euch nicht sein, sondern wer unter euch groß sein will, der sei euer Diener.

Nach dem 1. Weltkrieg ist aus dem *„Weltbund für internationale Freundschaftsarbeit der Kirchen"*, der vor dem 1. August 2014 ge-gründet worden war, auf Anregung von Bischof Nathan Söderblom die *Bewegung für Praktisches Christentum (Life and Work)* hervorgegangen, die sich angesichts der Folgen des Krieges mit wirtschaftlichen, sozialen und ethischen Fragen befasste. Diese bereitete die erste Weltkirchenkonferenz vor, aus der 1930 der *Ökumenische Rat für Praktisches Christentum* entstand.

9.7. Ökumenischer Rat der Kirchen (ÖRK)

9.7.1. Konvergenz

Die römisch-katholische Kirche sah die ökumenische Bewegung äußerst kritisch. In *Amsterdam* fand *1948* dessen ungeachtet die Gründung des Ökumenischen Rates der Kirchen statt.

- Der Ökumenische Rat unterscheidet zwischen „evangelisch", „freikirchlich", „katholisch" und „orthodox" als trennende *Konfessionen* und als in den jeweils anderen Gemeinschaften auch anzutreffende *Haltung*.

- Erstmals wird das Verhältnis der Christen zum Judentum thematisiert.
- Die Einheit der Kirchen erscheint als in Christus schon gegeben und als erst noch ausstehend und damit für die Zukunft aufgegeben.

Einheit wird angestrebt durch wachsende Gemeinsamkeit im gemeinsamen Beraten, Feiern, Evangelisieren und Handeln (Konvergenz). Die Grundlage des ÖRK wurde 1961 in Neu-Delhi beschlossen: *„Der Ökumenische Rat der Kirchen ist eine Gemeinschaft von Kirchen, die den Herrn Jesus Christus gemäß der Heiligen Schrift als Gott und Heiland bekennen und darum gemeinsam zu erfüllen trachten, wozu sie berufen sind, zur Ehre Gottes des Vaters und des Sohnes und des Heiligen Geistes."*

9.7.2. Taufe, Eucharistie und Amt

Die *Kommission für Glaube und Kirchenverfassung* des Ökumenischen Rates der Kirchen legte nach ausführlichen Beratungen den Mitgliedskirchen des Ökumenischen Rates eine *„Konvergenzerklärung über Taufe, Eucharistie und Amt"*, oder kurz: das „Lima-Papier" vor (1982). Dort heißt es: *„Biblische und patristische Studien*, zusammen mit der *liturgischen Erneuerung* und der *Notwendigkeit eines gemeinsamen Zeugnisses*, haben zu einer ökumenischen Gemeinschaft geführt, die häufig die konfessionellen Grenzen überschreitet und in der frühere Unterschiede jetzt in einem neuen Licht gesehen werden."

Die Lima-Liturgie wurde gemeinsam mit allen Konfessionen gefeiert. Ihre ökumenischen Möglichkeiten sind jedoch in der gottesdienstlichen und kirchenpolitischen Praxis bis heute noch nicht ausgeschöpft.

9.7.3. Frieden, Gerechtigkeit, Bewahrung der Schöpfung

Die Weltkirchenkonferenz in Nairobi 1975 beschrieb ausdrücklich das Ziel eines erneuerten Konziliarismus: Die Einheit der Kirche sollte durch eine gemeinsame Versammlung (Synode) wiedergewonnen werden.

In Deutschland forderte Carl Friedrich von Weizsäcker anlässlich des Kirchentages in Düsseldorf 1985 angesichts der atomaren Bedrohung ein allgemeines Konzil. Dieser Impuls mündete in den Konziliaren Prozess für *Frieden, Gerechtigkeit und Bewahrung der Schöpfung,* der eine ganze Generation ökumenisch engagierter junger Menschen nachhaltig geprägt hat. Durch die starke politische Ausrichtung dieses Ansatzes geriet allerdings das Problem der Einheit der *Kirche* in den Hintergrund.

9.8. Versöhnte Verschiedenheit

Komplementär zu den kirchlichen Einigungsbestrebungen auf konziliarem Weg lässt sich das Modell *„Versöhnte Verschiedenheit der Konfessionen"* beschreiben.

Im Luthertum wurde dieses Modell im Anschluss an das Augsburger Bekenntnis von 1530 entwickelt. Dort heißt es in Artikel 7, dass es zur wahren Einheit der Kirche genug ist, wenn das Evangelium lauter verkündigt wird und die Sakramente stiftungsgemäß verwaltet werden. Alles andere: Ordnungen, Traditionen, Kulturen dürfen sich voneinander unterscheiden.

Die Vollversammlung des *Lutherischen Weltbundes* in Dares-Salam (1975) formuliert dies so: „Das Konzept christlicher Einheit ‚versöhnte Verschiedenheit' soll zum Ausdruck bringen, dass die konfessionellen Ausprägungen christlichen Glaubens in ihrer Verschiedenheit einen bleibenden Wert besitzen, dass diese Verschiedenheiten aber, wenn sie gemeinsam auf die Mitte der Heilsbotschaft und des christlichen Glaubens bezogen sind und diese Mitte nicht in Frage stellen, ihren trennenden Charakter verlieren und miteinander versöhnt werden können zu einer verpflichtenden ökumenischen Gemeinschaft, die in sich auch konfessionelle Gliederungen bewahrt."

9.9. Evangelisch und Katholisch

9.9.1. Tridentinisches Konzil

Die römisch-katholische Kirche hat sich noch im 16. Jahrhundert durch die Beschlüsse des *Tridentinischen Konzils (1545-1563)* deutlich von der reformatorischen Bewegung abgegrenzt:

- Nicht allein die Schrift, sondern auch die *Tradition* der Kirche ist für die Glaubenslehre maßgeblich.
- Die Schrift darf nicht durch irgendjemanden in die Landessprache übersetzt werden, sondern die *Bibel in lateinischer Übersetzung* ist verbindlich. (Das zielte auf Luthers Bibelübersetzung.)
- Nicht die Gemeinde entscheidet über ihre Lehre und Leitung sondern der *Papst* ist Inhaber des *Lehramt*s für Fragen des Glaubens und der Sitten.
- Nicht nur zwei sondern *sieben Sakramente* kennt die Kirche.
- Nicht die Predigt des Wortes Gottes, sondern die vom geweihten Priester geleitete *Eucharistie* steht im Mittelpunkt des Gottesdienstes.
- Der Mensch ist nicht vollkommen sündig und unfrei, vielmehr kann und soll er durch Glaube und Gehorsam *an seiner Erlösung mitwirken.*
- Nicht das Wort Gottes und der Glaube, sondern die *Sakramente der Kirche* führen zum Heil.

9.9.2. Erstes Vatikanisches Konzil

Unter dem Pontifikat (der Amtszeit) Pius IX. stellte *1870 das 1. Vatikanische Konzil* die unmittelbare oberste *Rechtsgewalt des*

Papstes fest: Die gesamte Kirche und jeder einzelne Gläubige sind damit dem Papst unterstellt. Die römisch-katholische Kirche reagierte damit auf den Prozess der gesellschaftlichen Modernisierung seit der Aufklärung. Diese Entscheidung steht bis heute in Geltung und stellt ein bleibendes Hindernis für alle Einigungsbestrebungen dar, die nicht der römisch-katholischen Lehre folgen. Sie geht davon aus, dass „in" Petrus alle seine Nachfolger als Bischöfe von Rom den Jurisdiktionsprimat unmittelbar von Jesus erhalten haben. Dieser Primat habe ununterbrochen bei den römischen Päpsten fortbestanden. Teil dieses Primates ist seit dem 1. Vatikanum die *Unfehlbarkeit von Entscheidungen des Papstes „ex cathedra"* (förmlich als solche verlautbart) in Fragen der Lehre des Glaubens und der Sitten, auch ohne Mitwirkung oder Zustimmung der Kirche oder der Bischöfe.

9.9.3. Zweites Vatikanisches Konzil

Unter *Papst Johannes XXIII* fand in der römisch-katholischen Kirche der Aufbruch im Sinne eines *aggiornamento* („Verheutigung") statt. Der Vatikan öffnete sich für weltweite Veränderungen der Nachkriegszeit und für die ökumenische Bewegung.

- Das *„Laienapostolat"* griff den Gedanken des Priestertums aller Gläubigen auf.
- Die Feier des Gottesdienstes in der *Landessprache* und stärkere *Gemeindebeteiligung* verstärkten das Gemeindeprinzip.
- Der *Bibel* wurde ein stärkeres Gewicht gegeben.
- Das Konzil konnte auch in *außerkatholischen Gemeinschaften* Wirkungen des heiligen Geistes erkennen und sie würdigen.

In seinem Modell konzentrischer Kreise sieht die römische Kirche sich selbst in der Mitte, in der die wahre Kirche Jesu Christi am vollständigsten dargestellt ist, darum herum die anderen Konfessionen und Glaubensgemeinschaften. So gesehen sind die evangelischen Kirchen keine Kirchen im Vollsinn sondern nur Glaubensgemeinschaften, weil ihnen die Gemeinschaft mit dem

Papst und die apostolische Sukzession (die durch Handauflegung und Bischofsweihe übertragene Vollmacht des Petrus) fehlen. Immerhin aber konnten in der Folgezeit Gottesdienstordnungen für gemeinsame Trauungen entwickelt werden. Die römisch-katholische Kirche hat bis heute (nur) Gaststatus im Ökumenischen Rat der Kirchen.

9.10.Aktueller evangelisch-katholischer Dialog

9.10.1. Erklärung zur Rechtfertigungslehre.

Am Verständnis der Rechtfertigungslehre haben sich die Geister insbesondere zwischen der römisch-katholischen Kirche und den Kirchen in reformatorischer Tradition geschieden. Die Tatsache, dass es zwischen der *römisch-katholischen Kirche* und dem *Lutherischen Weltbund 1998* möglich war, eine gemeinsame Erklärung zur Rechtfertigung zu unterzeichnen, wurde in der Öffentlichkeit als großer Fortschritt im ökumenischen Dialog gewertet. Der Lehrkonsens führte jedoch nicht zur Wiederherstellung der kirchlichen Einheit.

9.10.2. Dominus Iesus

Das Dokument *„Dominus Iesus"* im Jahre 2000 (Papst Johannes Paul II) wiederholte die Auffassung, die evangelische Kirche sei lediglich eine Glaubensgemeinschaft. Dies führte zu nachhaltigen Verstimmungen bei den Protestanten. Die „Konvergenzökumene", die auf Annäherung in Fragen der des Abendmahls, des Amts und der Kirchenverfassung setzte, wurde mehr und mehr kritisiert.

9.10.3. Charta Oecumenica

Die *„Charta Oecumenica"* (2001) befasst sich mit der Einheit der Kirchen, ihrer *Zusammenarbeit*, ihrem gesellschaftlichen Auftrag in Europa und mit dem Verhältnis zu den anderen

Religionen. Sie enthält *Selbstverpflichtungen der Kirchen* zur Umsetzung ökumenischer Leitlinien im konkreten Miteinander der Kirchen vor Ort.

9.10.4. Magdeburger Erklärung

Einen großen Fortschritt stellt die von der Arbeitsgemeinschaft christlicher Kirchen (ACK) unterzeichnete *Magdeburger Erklärung* (2007) dar, in der u. a. die römisch-katholische und die evangelische Kirche ihre Taufen gegenseitig anerkennen.

Insgesamt ist zu konstatieren: Die „Konvergenz-Ökumene“ (Konvergenz, lat.: sich annähern) mit ihrer groß angelegten Verbindung von persönlichen, missionarischen, kirchenpolitischen und sozialethischen Motiven und Handlungsformen konnte sich bisher nicht durchsetzen. Ermüdungserscheinungen und energische Gegenbewegungen, insbesondere unter dem konservativen Pontifikat von Papst Johannes Paul II und Benedikt XVI auf katholischer Seite sowie durch evangelikale und pfingstliche Strömungen auf evangelischer Seite lassen sich nicht verleugnen.

Wie ist mit der sich verschärfenden Polarisierung von sich verhärtender Schließung und relativistischer Öffnung der Konfessionen umzugehen? Weltweite wirtschaftliche, politische, religiöse und weltanschauliche Konflikte unter den Bedingungen der Globalisierung stellen die Christenheit vor große Herausforderungen. Ob und wie die Kirchen glaubwürdige und menschengerechte Antworten darauf geben können, bleibt offen.

Lesen Sie:

Zur Einheit der christlichen Kirche: EG S. 1367, CA, Artikel 7.

Zur Einheit in Christus: Johannes 17, 20-23.

10. Diakonie

Die Praxis der Nächstenliebe ist im Urteil der Öffentlichkeit das plausibelste Element des christlichen Glaubens. Das Christliche gilt am ehesten als eingelöst, wenn es sich als praktizierte Menschenfreundlichkeit bewährt. Die geistliche Dimension wird demgegenüber eher als etwas nicht Notwendiges oder sogar Verfremdendes empfunden. Die soziale Arbeit der Kirche, ihre gesundheitlichen und pflegerischen Dienstleistungen, ihre Betreuungs- und Bildungstätigkeit rechtfertigt für viele die öffentliche Präsenz des Christentums in der modernen Gesellschaft. Diakonie ist jedoch nicht nur menschenfreundliche Praxis, sondern zugleich Lebens- und Wesensäußerung *der Kirche.* So bekommt Diakonie ihr besonderes Profil.

10.1. Allgemeiner Sprachgebrauch

Das Wort „Diakonie" ist griechischen Ursprungs und hat mehrere Bedeutungen: Dienst, Amt, Boten- oder Vermittlerfunktion. Die römisch-katholische Kirche gebraucht den lateinischen Begriff „Caritas" (helfende Liebe, im Unterschied zu Amor, der erotischen Liebe). Wenn in der Öffentlichkeit und in der Kirche von Diakonie die Rede ist, denken die meisten Menschen an Altenheime, Behinderteneinrichtungen, Krankenhäuser, Jugendeinrichtungen, Kindergärten und Beratungsstellen. „Die Diakonie" tritt neben der Caritas, dem Paritätischen Wohlfahrtsverband, dem Roten Kreuz und der Arbeiterwohlfahrt als Träger dieser Einrichtungen auf. Diakonie ist eine freie, gegenüber der als Körperschaft öffentlichen Rechts verfassten Kirche selbstständige Größe. Sie kann als diakonische Einrichtung oder diakonisches Unternehmen oder diakonischer Verband unterschiedliche Rechtsformen haben, z. B. Stiftung, Verein, Gesellschaft. Auch die verfasste Kirche mit ihren Kirchengemeinden und ihrer kreiskirchlichen Diakonie erfüllt diakonische Aufgaben.

10.2. Biblischer Hintergrund

Um zu verstehen, wie tief das, was heute „Diakonie“ heißt, in der Bibel verankert ist, genügt es nicht, Texte zu sichten, in denen das Wort „Diakonie“ vorkommt: Letztlich ist die gesamte Bibel durchzogen von biblischen Texten, die Nächstenliebe fordern, vom öffentlichen Handeln bis zur persönlichen Lebensführung. Allerdings gibt es auch bestimmte Texte, die in der Diakonie besonders wirksam gewesen sind. Dazu zählen

- das im „Schema Israel“ (Höre Israel) bereits formulierte Doppelgebot der Liebe (zu Gott und zum Nächsten), mit dem Jesus auf die Frage nach dem höchsten Gebot antwortet,
- das Gleichnis vom Endgericht, in dem Jesus die Werke der Barmherzigkeit aufzählt, sowie
- das im Buch Levitikus des Alten Testaments verankerte Gebot der Nächstenliebe,
- die Einsetzung der Diakone in der Apostelgeschichte und
- als „Magna Charta“ der Diakonie die Erzählung vom barmherzigen Samariter.

Bemerkenswerter Weise kann bei Paulus im Römerbrief auch die Obrigkeit (wir würden sagen: die Staatsgewalt) als „Diakonin“ (Dienerin) bezeichnet werden. Im Alten Testament geht es in vielen Gesetzestexten (sehr prominent: in den zehn Geboten) um das Recht Gottes und des Nächsten. Propheten wie Jesaja, Jeremia, Amos und Micha weisen Könige, Priester und das Volk Israel immer wieder darauf hin, dass sich das Schicksal eines Volkes an seinem Umgang mit den Schwächsten entscheidet.

10.3. Historischer Hintergrund

Diakonie ist also als Praxis der christlichen Nächstenliebe und „Bruderliebe“ oder im Alten Testament „Treue“, „Gerechtigkeit“ und „Barmherzigkeit“ in Israel immer schon vorhanden. Heutige Diakonie geht auf die industrielle Revolution mit ihren wirtschaftlichen und sozialen Umwälzungen seit Beginn des 19. Jahrhunderts zurück. Während die Arbeiterbewegung revolutionär oder reformerisch die Emanzipation der Arbeiterschaft von ihrer Abhängigkeit betrieb, das Bürgertum sich vom Wettbewerb auf dem Markt und der technisch-wissenschaftlichen Entwicklung Fortschritt versprach und Konservative (Adel, Großagrarier, Kirchen) ihre überkommenen Privilegien zu sichern versuchten, engagierten sich evangelische und römisch-katholische Christen gemeinsam mit bürgerlichen Menschenfreunden, um zu einem Ausgleich zwischen wirtschaftlicher Entwicklung und sozialem Leben zu kommen. Auf protestantischer Seite sind *Theodor und Friederike Fliedner* (Kaiserswerth) und *Johann Hinrich Wichern* (Hamburg) sowie später *Friedrich von Bodelschwingh* (Bethel) zu nennen. Johann Hinrich Wichern bündelte die vielfältigen Einzelinitiativen in der Inneren Mission, deren Arbeit und Ziele er in einer Rede auf dem Kirchentag in Wittenberg 1848 eindrücklich darlegte. Aus ihr hat sich die heutige Diakonie entwickelt.

10.4. Merkmale der diakonischen Bewegung

Die diakonischen Initiativen wandten sich konkreten Missständen zu: Kinderbetreuung, Krankenpflege, Frauenbildung, Obdachlosenarbeit, Gefängnisreformen waren ihre ersten Aufgaben. Durch den wachsenden Bedarf an ausgebildeten Mitarbeitenden entstanden Ausbildungseinrichtungen z. B. für Diakonissen und Diakone, die auf den genannten Gebieten tätig wurden. In der Begründung zusammenhängender sozial- und gesundheitlicher Vereine und Verbände lag ein starkes innovatives Potential. Der Einsatz von zunehmend mehr Frauen führte zur Eröffnung eines Feldes für weibliche Berufsbilder und berufliche Bildung von Frauen. Es bildeten sich diakonische Gemeinschaften, die Mutterhäuser und Bruderhäuser betrieben. Diakonie ist weithin weiblich. Es hat lange gedauert, bis der zeitgenössische Patriarchialismus in der Diakonie überwunden wurde. Ob dies bis heute gelungen ist, wird kritisch diskutiert.

10.5. Öffentliche Verantwortung

Bis heute ist das Verhältnis von Diakonie und Öffentlichkeit konfliktreich. Die Diakonie des 19. Jahrhunderts sah sich zwischen der verfassten Kirche, die sich auf Gottesdienst, Seelsorge und Katechese beschränkte, einerseits und dem Obrigkeitsstaat andererseits. Dazwischen tat die Diakonie ihren Dienst der „rettenden Liebe". Wohlhabende und wohlmeinende Christen (und Menschenfreunde) wandten sich den Verlorenen und Armen in Werken der Barmherzigkeit zu und bewährten so die Gemeinschaft der Gläubigen auch im alltäglichen Leben. Zugleich erfüllten sie damit auch einen *volksmissionarisch*en Auftrag: Die nominell getaufte, aber ihrer Kirche entfremdete Masse sollte wieder gewonnen werden, um in einer *Volkskirche* Glaube und Nächstenliebe für das ganze Volk zu praktizieren.

10.6. Staatsnähe

Bis heute steht die Diakonie in der Spannung zwischen Eigenständigkeit gegenüber dem Staat und Anpassung an staatliche Vorgaben. Altes Obrigkeits- und Autoritätsdenken hat die Diakonie sowohl in der Zeit des Nationalsozialismus wie auch später in Teilen dazu verleitet, sich an Verbrechen und schweren Übergriffen zu beteiligen (Verstrickung in Euthanasiemaßnahmen während der NS-Zeit, Gewalt und Missbrauch in der Heimerziehung der Nachkriegszeit). Zugleich hat die Diakonie seit ihrer Entstehung immense Leistungen für das allgemeine Wohl, das Sozial-, Gesundheits- und (berufliche) Bildungswesen erbracht, sowohl durch ihre geleistete Arbeit, wie auch durch die Motivierung und Begleitung von ehren- und hauptamtlich Mitarbeiten und nicht zuletzt durch Geldmittel, die sie aufgebracht hat. Der Sozialstaat allein könnte (aus Steuermitteln, die einen großen Anteil der Diakoniefinanzierung ausmachen) seine Aufgaben nicht erfüllen.

10.7. Neue Herausforderungen

Aufgrund der mit der Globalisierung verknüpften Migrationsbewegungen und aufgrund der Modernisierungstendenzen einer offenen Gesellschaft muss die Diakonie sich mit Herausforderungen auseinandersetzen, die mit den Stichworten „Pluralisierung“ und „Ökonomisierung“ bezeichnet werden. Sie antwortet darauf mit der Suche nach ihrem „Diakonischen Profil“, um ihre Identität als Wesens- und Lebensäußerung der Kirche immer neu zu bestimmen und zu gestalten.

10.8. Diakonisches Profil

Bei der höchst kontroversen Diskussion über das diakonische Profil kommen einander widerstrebende Interessen zum Vorschein: Das diakonische Profil kann die Bekenntnisbindung oder auch die Unabhängigkeit von der Kirche betonen. Es kann die Aufmerksamkeit auf die Mitgliedschaft des Personals in der Kirche oder auch auf deren persönliches Engagement in Fragen der Spiritualität und sozialen Praxis richten. Die einen legen größten Wert auf die religiös-christliche Identität der Diakonie, die anderen demgegenüber auf Offenheit gegenüber Anders Glaubenden. Manche betonen, dass Diakonie zur Sicherung ihrer Existenz vornehmlich wirtschaftlich tragfähig arbeiten muss, andere heben hervor, dass es zum Wesen der Diakonie zählt, Ziele zu verfolgen, die jenseits wirtschaftlicher Effektivitäts- und Effizienzerwartungen liegen. Konfliktträchtig ist des Weiteren die Frage, ob Diakonie sich auf die helfende Tat beschränken soll oder ob sie auch einem missionarischen Auftrag verpflichtet ist. Und natürlich: Ob sie den Sozialstaat lediglich stärkt oder ob sie eher kritische politische Diakonie betreiben solle.

10.9. Diakonie und Gemeinde

Diakonie ist nicht die einzige Wesens- und Lebensäußerung der Kirche. Für das öffentliche Glaubenszeugnis, Gottesdienst, Seelsorge, Bildung, weltweite Gemeinschaft und die gemeinsame Leitung der Kirche gilt dies ebenso. So nimmt es nicht Wunder, dass sich in diakonischen Einrichtungen ebenso seelsorgliche und gottesdienstliche Aufgaben stellen wie in der Kirchengemeinde. Umgekehrt tragen auch die Seelsorge und der Gottesdienst diakonische Aspekte in sich. Schon die Ordnung des Gottesdienstes kann als ein Leitfaden des diakonischen Sinns gemeindlichen Lebens gelesen werden. Entsprechende Lesungen und Gebete zeigen, dass Diakonie zum Kern kirchlichen und gemeindlichen Lebens gehört.

10.10. Diakonie lernen

Diakonisches Lernen braucht einen Lernort. Als Beispiel für diakonisches Lernen in der Gemeinde lassen sich die Begehung des Diakoniesonntags oder Diakoniepraktika oder diakonische Projekte heranziehen. Im Prozess der Vorbereitung, der Durchführung und Nacharbeit bieten sich viele Gelegenheiten der Teilhabe, der inhaltlichen Auseinandersetzung und der Anregung zu weiterer diakonischer Praxis. Auch ein Jahr der Diakonie als Themenjahr oder eben ein Diakonisches Jahr als Freiwilligendienst kann mit der Diakonie in der Kirchengemeinde und bei internationalen Projekten vertraut machen. Diakonische Berufsbildung verbindet Fachlichkeit und theologische Orientierung.

Lesen Sie:

Der Barmherzige Samariter: Lukas 10, 25-37.
(Diese Geschichte sollten sie, wenn nicht auswendig,
so doch gut kennen.)
Die ersten Diakone: Apostelgeschichte 6, 1-7.
Das Gleichnis vom Endgericht: Matthäus 25,31-46.

Schluss

Das Fach „Leben, Lehre und Ordnung der Kirche und Grundlagen der Diakonie" kennen Sie jetzt. Nun können Sie erklären, warum die Tätigkeiten in der Kirche, auch die vermeintlich ganz äußerlichen Verwaltungsangelegenheiten, immer im Dienst des kirchlichen Auftrags, der Bekanntmachung des Evangeliums von Jesus Christus in Wort und Tat, stehen.

1. Sie kennen jetzt die *Bibel.* Nun können Sie erklären, inwiefern die Bibel die Grundlage aller kirchlichen Tätigkeiten ist. Zu allem, was die Kirche tut, gibt es einen biblischen Bezug.

2. Die *Bekenntnisse* haben Sie kennengelernt. Nun können Sie erklären, in welchen Grundauffassungen die evangelische Kirche übereinstimmt und in welchen sie sich von anderen Glaubensgemeinschaften unterscheidet.

3. Die *Grundartikel der Kirchenordnungen* von Rheinland, Westfalen und Lippe haben Sie miteinander verglichen. Sie können jetzt zeigen, inwiefern die RWL-Kirchen zwar miteinander Kirchengemeinschaft, aber auch ihr eigenes Gepräge haben.

4. *Gottesdienst und Sakramente* haben Sie kennengelernt. Sie können jetzt erklären, was eigentlich in einem Gottesdienst geschieht, und in welcher Beziehung das zum sonstigen Leben steht.

5. Die Gemeinde, besonders Pfarrer / Pfarrerin und weitere Mitarbeitende, haben Sie sich vergegenwärtigt, um ihren Platz und ihre Rolle in der *Dienstgemeinschaft* der Kirche zu verstehen.

6. Die *Kirche* können Sie jetzt mit ihrer geistlichen und mit ihrer weltlichen Dimension verstehen. Sie können erklären inwiefern die Kirche zugleich eine Glaubensgemeinschaft und eine Rechtsgemeinschaft ist.

7. Das *Gesangbuch* können Sie jetzt gebrauchen als eine Hilfe der praktischen Frömmigkeit, persönlich und in der Gemeinde.

8. Die *Zeiten und Feste des Kirchenjahres* haben Sie sich vergegenwärtigt als einen Ausdruck der christlichen Prägung des Kulturkreises, in dem wir leben, und können anderen erklären, wie Bibel, Frömmigkeit und öffentliches Leben in diesem Zeitrhythmus zusammenwirken.

9. Durch die *Grundzüge der Konfessionskunde* konnten Sie lernen, worauf es bei der Einheit der christlichen Kirchen ankommt: Sie können eins im Glauben an Jesus Christus und in der Liebe sein, müssen aber nicht alle dieselbe Ordnung, Liturgie und Lehre haben.

10. Die *Diakonie* haben Sie als eine Wesens- und Lebensäußerung der Kirche kennengelernt. Sie hat ihr besonderes Profil darin, dass sie Glaube und Nächstenliebe miteinander verbindet.

Printed by Books on Demand GmbH, Norderstedt / Germany